お坊さん
平成のちょっと問答
上

今小路覚真

お坊さんの平成ちょっと問答（上）＊目次

お坊さんの平成ちょっと問答（上）

「生きる」

わぁ、仰山なアベックやな。
こんなん一体全体どっから出てきたんや。
それにまたえらい順序よう並んで。
だれかがこんなんに並びなさいいうて決めてんのかいな。

なにぶつぶつ一人ごと言うてんの。
わたしらもあそこに下りて話ししような。

ちょっとごめんなさい。ごめんなさい。

そやけど何処に腰下ろしたええのんかわからへんな。

ちょっとごめんな。

あんたな、右に十センチ動いてくれませんか。

あんたとこは、左に十五センチやな。

ああ、それでよろし、ちょうど間隔が揃いました。

ここは両隣と一メートル十五センチの間隔で並ばなあかんのです。京都市の条例で決まってますんや。この鴨川の四条と三条の間におけるアベック並び方条例言うんや。あんたら調べた上でこの堤に来なあかんことも知らんかったんか。そらあかんな。

あんたら退場や。はよ退きなはれ。ほれ、退いた、退いた。

ねぇ、ほんまなん？　その京都市条例いうん。

アホかいな。そんなんあるわけないやろ。俺が勝手に今作ったんや。でも効き目あったやろ。一組空いたし、ここに坐ろ。

ええ風やな。

こんだけ風あったら蚊も寄ってきいひんやろ。

そんでも、ちょっと寒いことないか。


ありがとう。ううん寒ない。

あんたこそ大丈夫か。

そやけどほんまにすごい人数やね。

みんな、なに話ししたはんのかな。

ちょうど川の流れの音が声消してんのやね。姿は見えるけど声は聞こえへん。そやさかいにみんな安心してここに坐ってんやろな。

川向こうの店の電気がうまいこと川に写って明るいし。あんたの顔もよう見えてるわ。

きらきら光って見えてる。


お前も光ってるで。

ちょっと、ちょっと見てみいな。

ほとんど話しなんかしてへんや。こっから見たら二つの顔がみんな一つになってる。あんなに顔くっつけて喋らんでもええのにな。そやけどあれ、ちょっとくっつきすぎ違うか。

もうちょっと顔離せて言うてきたろか。


いらんことせんとき。

みんな二人の事情があるんやから。

あんたわからへんか。


そや、その事情いうのん、気になるやんか。

あんなに顔くっつけんならん事情てなんなんか。

普通の話しやったら、目を見詰め合う距離やろうし、内緒話やったらどっちかの耳元に喋るやろ。あんな顔と顔が面と向こうて、くっつくってておかしいやんか。


わたしらもみんなに見習わへん？

なあ、あんた、わたしらのことどうするつもりなん？

わたし、どうしたらええのんかわからへん。

親にも、もうええ加減言わんと。いつまでもこのままいうわけにいかへんやろ。いつかはけりつけんならんや。あんたがはっきりしてくれたら簡単にすむんやけどな。わたしは待ってんにゃから。

そう、やいやい言うな。おれも言われんでも考えてんにゃ。

今はお前と別々の生活なんか考えられへん。

お前んとこの親にもはっきり言いに行かんならんことは、重々わかってるわいな。

今はまだそんなに目立たへんけど、近いうちに腹も目立つようになるやろうしな。あんまり目立ってからやと、ヘンな言い訳せんならんし。

お前が大丈夫や言うから安心してたのに、ちょっとも大丈夫やなかったんや。

今更そんなこと言うても、できたんはできたんやし、今更どうしようもないやん。今になってなんかわたしのせいみたいに言わんといてぇな。今までやったらわたしが大丈夫やいうても、あんたはちゃんと自分でセーブしてたのに、あんときはあんたも油断したやんか。でもな、なんかこうしてお腹触ってると、やっぱりできたいうより、昔の人がよう言うたはった、授かったいうのん実感としてわかるわ。

油断やない。おれはおれなりに真剣やったんや。真面目にお前を抱いたんや。何にもあんときに限らへん。おれはお前を抱くときはいっつも真剣なんや。不真面目な気持ちで抱いたことはいっぺんもないで。

そんな抱いた、抱いたて、大きな声出さんでもええやんか。そんなことぐらいわたしかてわかってるわ。いっつもあんたが真剣に抱いてくれてるてわかってるさかい、わたしも本気でうれしう抱かれてんのやんか、あんたかてわかってるやろ。

そんでも今まで大丈夫やったのに、お前が体おかしいわて言うからびっくりしたんやんか。そんで、赤ちゃんできたみたい、やろ。びっくりせえへんほうがおかしいわ。

親に言いに行くのんはええけど、わしらのそれからはどないすんねん。どないして生活すんねん。まず住む所からやんか。金のことは二人分合わせたら当座は何とかなるやろ。何とかなるやろと違うて、なんとかせんならんわな。そんなことは覚悟の上や。

そんな先のことはええやんか。

今をどないするかいうことや。

あんたは、そんならわたし、産んでもええねんな。

わたしほんまはあんたとの赤ちゃんほしいねん。折角こんなんして授かったんやし。そやけど今のままやったら嫌や。ちゃんと二人がお父さんやで、お母さんやでて言えるようになってな。あんたもこの子の前で、どっかの知らんおっちゃんやでいう顔できひんやろ。


そらそうや。そんなんわかりきったことやんか。

子どもは、二親揃って一人前や。

おれかってそんなん言われんでもわかってるわな。

そやけどな……、

何でそこで、そやけどなって言うねんな。そうや、だけでええやんか。


――何であいつばっかしにこんな思いさせんならんのやろ。

おれはどうしたらええねん。

あんだけほしいほしいて言うとったのに。おれが優柔不断なばっかりに。

あいつにばっかし負担かけてしもて。

おれが、ええから産めよ、言うたらよかったんや。それは嫌言うほどわかってたんや。

でも、いざとなったら返事できひんかった。

黙ってしもうた。

医者が限界や言うたて、言うやろ。もうこれ以上やと、お母さんの体にも影響が大きすぎる、決断するなら今や言うんやもん。

返事できひんかった。

あいつの体か赤ちゃんか、と言われたとき、返事に渋ってたら、あいつ、ちゃっちゃっと自分で決めて、あっけらかんと赤ちゃん堕してくるわ、やて。そらまだ可能性はいっぱいあるといえばあるけど、そんな問題違うやろ。どないすんねんな。

いのちやんか。

そらまだ形はちゃんとできてへんかも知れんけど、おれとあいつの間で生まれようとしているいのちやんか。なんでこの病院に来るまでに、はっきりさせへんかったんやろ。——

終わったわ。

あんた、時間大丈夫やったんか。仕事休んでくれたん感謝するわ。

それにこんな病院、恥ずかしがらんと、よう一緒に来てくれたな。おおきにやな。

からだは、なんかちょっと変な感じやけど、別にどうてことないわ。ほれ、こんなにぴんぴんしてるやろ。

お腹空いた。

おいしいもん食べに連れて行って。元気つけんならんし。

お医者さんがな、もうこれっきりにしときなさいや、やて。

もちろんやんか。こんなんわたしかて嫌や、て言うといた。あんたかてそうやろ。ええ感じせえへんやろ。

× × ×

おい、やっさん、こんな夕方の六時も過ぎてんのに、今お前の家にぼんさん入って行ったん違うか。こんな時間に何があったんや？　じいちゃんもばあちゃんもさっきそこで会うたで。ぴんぴんしてたわ。

それにお前かて、ついこの間結婚したとこやんか。なんでこんな時間にぼんさんがお前んとこ入って行くんや？

おお、たかちゃんか。なんやお前見てたんか。別に何でもないんやけどな。

何でもないのに、こんな晩飯時にぼんさんが家入って行くて変やんか。

えらいやつに見つかってしもうたな。


なんや、やっぱりなんかあったんやろ。教えたりぃな。お前とおれの仲やんか。言うたらあかんことやったら誰にも言わへんし。

ちっちゃいころから何でも一緒にやった仲やんか。隠し事は何にもない仲やろ。

今までおれかてなんでも言うてるやん。家族に言えんことでも、お前にだけは隠さんと言うてきてたで。お前が嫁さん貰うときもえらいもめたけど、全部相談に乗ったやんか。

なあ、何があったん？


そうやな、お前には隠しとかれへん。

実はな、やや子死んだんや。

まだ生まれてへんかったんやけどな。

生まれてへん言うのもちょっと違うか。

お腹におったんやけど、うまいこと育たへんかったんやな。

そんで今日、病院で始末してもろたんや。


そんで、なんでぼんさんと関係があんねんな。


そうやねん。おれもさっき嫁さん連れて、一緒に病院から帰ってきてびっくりしたんや。

家ん中、綺麗に掃除してあって、仏壇に火が入ってて、親父もお袋もちゃんと余所行きの黒い服着ておんねん。

何があったん？　ておれが親父に聞いたら、親父がな、神妙な顔して、
そこ坐れ、言いよんねん。

今まであんな親父の真剣な顔見たことなかったし、まるで魔法にかかったみたいに、おれら二人ちょこんと親父の前に坐ったんやんか。お袋もいそいそと親父の横に坐っとんねん。いっつもなら親父が呼びかけても知らん顔してるのに。右向け言うたら、左向くようなお袋がやぜ。

そうや、近所でも評判やもんな。お前んとこの親父とお袋の仲は。普通に話ししてるいうとっても、まるで喧嘩やもんな。どっちかが一遍でも、はい、て返事したことあるんか、いっぺんみんなで賭けようか、言うてるぐらいやもんな。

そんなきついこと言わんときぃな。あれでもおれにとっては、親父とお袋なんやから。

そやからみんなで言うてんのや。お前がえらい、いうて。おれらやったらとっくに家出て、どっかマンションでも別々に住んでるわ。お前もえらいけど、もっとえらいのが一緒になった嫁はんや。えらいできてるなぁて評判やで。

そんでその親父がお前に、家ん中きれいにして、前坐れ言うんか？

なんかあったんやな。おれとお前の仲やんか、言うてみぃな。

そうやな、お前に隠し事しててもしょうがないな。

実はな、嫁はん、今も言うたように、子ども失敗しよったんや。

いや、嫁のせいとは違うねん、そやないねん。お互い、縁がなかったちゅうんか、うまいこと腹で育ちよらへんかったんや。

それでな、流産したんや。もうちょっとやったら、何とか育つぐらいまでいってたんやけどな。そのもうちょっというのがあかんかったんや。

おれも残念やったけど、彼女もえらいがっかりしよってな。

なんでそんなにきつうがっかりしたか言うたら、実は今度で二回目やねん。結婚する前にも一回おれがはっきりせえへんかったさかい、堕ろしよったことがあったんや。そんで今度やろ。

電話では、あかんかったいうこと家へ言うといたんやけど、こんなんなってるて、ほんまにおれもびっくりしたんや。

子どもがあかんかったんと、ぼんさんと何の関係があるねん。おまえの親、いったい何考えてんのや。

親父が言うにはな、葬式せんならん言うねん。大げさでのうてもええ。ぼんさんに来てもろて、ちゃんと葬式せなあかん言いよんねん。

不思議なことにお袋も、そうや、て言いよんねん。そんでぼんさん呼んで、家ん中綺麗にして、仏壇の火つけて、おれらの帰ってくんのを待ってたいうわけや。

おれはとっさに、どうしたらええのかわからんようになったんや。

親父らが言うてることはわからんでもないで。そやけどな。

嫁かてそんなん青天の霹靂やていう顔しとんねん。

お前かて聞いたことあるか、産まれてくるかきいひんか、わからんかった子のために葬式するやなんて。

そのままにしといてええのん違うんか。

どっかおかしいんと違う？　おれの親父らがしようしてることは。

確かに、せっかく出会えたいのちゃったかも知れへん、という思いは、さっきも言うたようにおれも嫁も持ってるわな。残念やったし、少しは悲しいいう気持ちもある。そやけど姿見たわけやないし、声聞いたわけやないし、もちろん、この手で抱いたわけでもない。それにいきなり葬式や言われても、その、按配が悪いやんか。なんか違うで。

おれな、親父から、お寺に過去帳いうもんあるいう話、聞かされたことあんねん。

おれのうちの曾祖父ちゃんの命日かなんかの話になったとき、お寺へたんねにいったんやて。

そんでな、ぼんさんが過去帳繰ってはんのん、横で待ってるときに聞かせてもろたんやて。

戦争前やったんやけどな、曾祖父ちゃんのは見つかったんやけど、そんときにぼんさんが、その前後のページペラペラとめくって、言うたんやて。

だれ某の子、当歳とか零歳とか書かれたんが、このころにはいくつもあんねん。この当歳とか零歳いうのんは何のことかわかるかて、聞かれたんやて。そんで親父が、そんなんわからへんて答えたら、ぼんさんが教えてくれたんや。

その横にな、嫁いうのんか、母いうのんか、単にだれ某の子とかだけ書かれて、ほとんどおんなじ日で出ているんや。これな、赤ちゃん産むときに親子とも命尽きたいうことやねん。今みたいに病院で子ども産むいうことより、家で産んでたことのほうが多かったんや。それで難産やったら助からへんかったことが多かったんや。この当歳であったり零歳であったり、単にだれ某の子としか書かれてへん名無しの子なんかの場合は、全部こんなんやったんや。そやけどな、なんでこのことが、お寺の過去帳にこんなにしてたくさん載ってるかてわかるか?

今のあんたらにはちょっと理解できひんやろ。

この時代はもう役場もできてるさかい、人の生き死にの記録は別にお寺やのうてもええねん。江戸時代とは違うんやから。

別にこんなちっちゃないのち、いちいちお寺の過去帳に載せんでもええねん。そやけどちゃんと載ってるやろ。それにもっとすごいのは、人としての名前がのうても、法名いうか、ほとけさんとしての名前は、ちゃっとついてるやろ。釋何々いうて。

これって、すごいことやと思わへんか。

こんな、言うてみたらこの世に生を受けたわけでもない、わけもわからへん子に法名がついてるいうことは、きちんと残った家族の誰かが、一人前の人としてお葬式を挙げはったいうことや。

そしてお寺もきちんと、一人の人間として扱こうたはったいうことやんか。一人のいのちとして見ていたいうことやねん。法名をつけたはるいうことは。物と見ていたんとは違ういうことや。すごいことやろ。

そら、中には堕ろした子もあったかも知れん。それはこの記録からだけでは知ることは無理や。たとえそういう子の場合があったかも知れんけど、それでもおんなじように法名つけて、ということはちゃんとお勤めしていうことや。

ほったらかしいうこととはぜんぜん違うことや。産まれるか産まれへんかわからんようないのちであっても、普通に生活して終えたいのちとおんなじように、ひとつのいのちとして扱うたいうことや。そういう時代がきちんと、つい最近まであったいうことなんや。

この過去帳に残ってるいうことは。

親父が言うには、お前のおじいちゃんぐらいまでは、ごく当たり前の普通のこととしてやってたことなんや。最近こそ子どもがそんなんして、いのち終えることがすくのうなったし、ほとんどがちゃんと育つやんか。そやからこんなちっちゃな子に葬式したり、法名つけたりいうことが目につかへんようになってしもうたんや。

それともう一つ大きな理由は、赤ちゃんの始末を全部病院任せにしてしもうたことやな。自分の家で産むいうことがほとんどないやろ。そやから目につかんようになってしもうたいうことや。自分のことの結末を、自分でつけられへんようになってしもうたいうことやな。

まあこんな話、ちょっとビックリしたやろけど、またちょっと違う思いを持ったやろ。お袋も横でその親父の話し肯きながら聞いとんねん。全く口挟みよらへんねん。気色悪いくらい、仲良う坐っとんねん。

ということは、今うちの親父がしょうとしてることは、決して特別なことでも、思いつきのことでもないいうんやな。

そうや、うちの親父が言うた通りの話やったら、決して特別なことやないん違うか。せっかくお前と嫁さんとの間で生まれかかった、かけがえのないいのちやったんやんか。そんなゴミ捨てるみたいにせんでも、きちっと扱こうたりなさいいうことや。

ありがたいことやんか。

ゴミって、何もそこまで言わんでもええやんけ。おれは何もゴミみたいに捨てるなんて、これっぽっちも思うてない。

正直言うて知らんかったんや。

水子いうんか、いのち貰われへんかった子に、そこまでちゃんとするいうことが。

後でなんかせなあかんのやろないうことは、ただ漠然とは思わんでもなかったけど、それもしなんかあったら、そんときにしたらええわ、ぐらいにしか思うてなかったんや。実を言うと。

そうか、親父やお袋は、いらんことせんでも、ちゃんとすることだけしとけいうことで、こんな準備しよったんか。いろいろ話、聞かせてくれておおきに。こんで気ぃ楽にして家入ってお参りして来るわ。

お前、どんな感じした？ えらい神妙な顔してたな。おれらの子やけど、あんな状態やったし、ほんとはどうしたらええのかおれにはわからんかったんやけど、親父やらの迫力に負けた感じじゃやな。

× × ×

正直言うてわたしは嬉しかった。

わたし、ものすごうブルーやったんや。あんたにはわからへんかったやろうけどな。女しかわからへんことかも知れんけど、どうしょうかなていろいろ考えてたんや。

あんたはノー天気やし。それでもいきなりぼんさんやろ。それは初めはドキンとしたよ。なんでぼんさんなん？、て。

そうやんか。だって最初のときは何にもせえへんかったやんか。そら二人はまだ結婚してへんかったし、子どものこと誰に言うこともできひんかったけど、こんなん知ってたら二人だけでお寺へ行ったらよかったんや。今さら言うても遅いけど。

まさかな、うまいこと産まれてきいひんかった子のために葬式してくれるなんて、ほんまに想定外やった。

それに人間としての名前もないのに、ちゃんと法名いうんか、ほとけさんの名前までつけてくれて。これちょっと正直、変な感じやったけどな。

そうやんか、男やったか、女やったかもわからへんかったのに、釋常有やなんて、名前もろて。


わたしにはありがったかったえ。

ちゃんとお父さんもお母さんも、一人前の子どもに扱こうてくれはったんやもん。お参りしてたら、だんだんブルーなんが薄れてきたもん。


それにあのぼんさん、おもろい話、しよったな。

なんやて。自分のいのちは、永遠に生きたいて思わんでも、永遠のいのちの中を生きてんにゃて言いよったな。

確かに理屈やなて思うた。わしにしてもお前にしても、それぞれの親があったわけやし、そのまた前にも親がいたわけやし、言われてみたら何処までも遡っていくわけやし、途切れたことのないいのちやからこそ、わしらにまで続いて来たんや。

あの子もわしらのいのちを、わずかな間やったけど、確かに受け継ぎよったんや。そうなんや、永遠の中のいのちの一齣やったんやな。わしのいのちはわしだけのもんやて思うてたけど、違ごうたんやな。わしだけのいのちなんて存在せえへんて、あの子に教えてもろたんやな。

あのぼんさん、ちょっとええとこ突きよるやんか。

あんたな、感心してんのはええけど、お父さんやお母さんにお礼言わんでもいいのんか。あんたもわたしも思わん大事なことをしてくれはったんやんか。

言うたんや。言うたけど、親父が言いよったんや。

わしらに礼言わんでいい。礼言う暇があったら、毎日これから仏壇の前へ行け。お前ら二人そろうて手合わせ。忘れんと、それさえしてくれたらそれでええわ。

お袋も横におって肯いとったな。

ちょっと恥ずかしいけど、これからそんなら毎日ナンマンダブツて言おうか。

×　×　×

おい、どうやった？　元気そうな顔してるやんか。葬式ちゃんとすませたんか？　嫁さんも、もう会社行ってんにゃて？

おお、おおきに。

ともかく上手いことといったわ。

最初はやっぱしあんなややこに葬式なんてて思うとったけど、やっといてよかったわ。ちゃんと法名いうんか、名前もつけてもろて。ほんまに思わんことやった。最初にお前の話を聞かせてもろてたんもよかった。

あの話、聞いてへんかったら、やっぱしちょっとは心がギクシャクしたかも知れへん。お前はええときに、ええ話、してくれたな。

聞いた話は話やけど、それがおれの問題として、直に受け取ってみたら、昔の人てすごいなてつくづく教えられたわ。

わしらの子もやっぱし物いうか、なんかわけわからんもんとは違うたんやいうこと、いやいうほど教えられたわ。

どうや、からだの調子は。

ありがとう。あんたて時々そうやって優しい言葉かけてくれるんやね。

本当にお父さんとお母さんに感謝してんのよ。

ついこの間、里に帰って来たやん。そんとき、うちの両親に言うたんよ。お葬式したて。

誰のや、てえらいビックリしてな。両親とも。

特におかあちゃんがえらい剣幕で、何でそんな大事なこと、もっと早いこと言うてこんかったんや。そんなん今まで黙ってるてあんた、ちょっとおかしいいん違う?って。

わたしらには、わたしらの立場いうもんもあるやんか。あんたもいつまでも子どもと違うんやから、そんな大事なこと、なんで黙ってたん。あんたのうち行っても、わたしら、皆さんに合わす顔ないやんか。どない言うて挨拶すんねんな。ほんまにこの子はなんちゅう子やろ。

それでどっちやったん? お父さんのほうか、お母さんのほうか。それにいつのことなん? 病気やったんか、なんか事故やったんかて、それは大変やったんや。

違う、うちの子や、て言うたんや。そしたらまた一騒動や。

なんでやのん? なんでそんな産まれへんかった子の葬式せんならんの? 病院で全部

始末してもろたんやろ。それでええやん。なんでそれ以上のことしはんのん？　子どもできひんかったあんたへのあてつけか。康雄さんはどない言うたはんの？　あっちのご両親はどない言うたはんのん？

それでいきさつを全部言うたんや。なんでこんなことになったんかいうことを。お父ちゃんは何となく納得したみたいな顔してたけど、なかなかうなずかへんかったんがおかあちゃんやった。

女は手強いわ。ああ言えばこう言う、こう言えばああ言う。

わたしはあんなおかあちゃんみたいな女にはならへんからね。今の素直な女のままでいくさかい、あんたは安心してたらええよ。

そんでも何となく、おかあちゃんも子どものためのお葬式いう意味がわかってきたみたいで、そんでもそんなときにはわたしらにも連絡してな、やて。そやからもう二度とないわ、て言うといた。

お母さんほんまにわからはったんかいな。またなんか、けったいなこと思うたはんのと違うか。

ううん、大丈夫。これは自信持って言える。

だって、そんなに丁寧に扱こうてもろたんやったら、それにほとけさんとして扱こうてもろたんやったら、その子が悪さするなんて考えられへんもんな、やて。ほとけさんにならはったんやから、迷ういうこともないやろうし、まして化けて出てくるなんて考えもできひんわな。

そない言うねん。そやから大丈夫や言うねん。おかあちゃんもこないな子に葬式したこと、ちゃんと理解したんやわ。

それからな、こんなことも言うてたわ。

二人の子のいのち終えた日をしっかり覚えときや。忘れたらあかんえ。

そうやんかいな。その子らがいのち終わった日が、いのちもろうた日、誕生日やんか。元気なすがたでは会えへんかったけど、間違いなくいのちもろうた日や。お葬式の日がこの子らの誕生日なんや。

先の子のときはわたしらにも内緒やったから、知ることもできひんかったけど、また知っててもお葬式なんて思いもせんかったけど、今度はそうしてちゃんとしてもろうたんやから、先の子の分と合わせて大事にせなあかんえ、て。

それから、ちゃんとお葬式の準備してくれはった、康雄さんのご両親にようよう感謝しいや、て。

そうか、お母さんもわかってくれはったか。

誕生日か。それは思わんかったな。

お母さん、ええとこ突いてはるやん。ほとけさんになった誕生日か。そんなら忘れへんわな。これから毎年、葬式してもろた日に誕生パーティ開いたらええやん。

ほとけさんてなんか遠いとこのもんやて思うてたけど、こんなんしてお母さんが言わはるようにみてみると、意外と近いとこにいはるんやな。

おい、今日は久しぶりに外で飯でも食おうか。

いや、うれしいわ。一体どうしたん。うちも今そんな気分やったんや。そんで、なに食べに連れて行ってくれんの？

なに食いたい？

なんでもええ。

なんでもて言わんと、なんか食いたいもん言うてみいな。和、洋、中。なんにする？
焼肉もええな。久しぶりにお好み焼きも捨てがたいな。
なんか言えよ。お前が食いたいもんに行くさかい。

そんなら焼肉に連れてって。

焼肉より中華にしょう。

なんで？

そらお前、ジュウよりチュウのほうがええに決まってるやん。

「報恩講さん」

大家さん、となりの家も、ホンコさん、ホンコさんてやかましいし、家のかあちゃんも、あんたええ加減にお仏壇掃除しといてやて命令しよるんや。わかったわい言うて家出て来たんやけど、一体、ホンコさんてなんやねんな。

ほとけさんと、どない関係があんのん？

お前、ええ加減年食うてるのに、ホンコさんも知らんのかい。それも言うなら報恩講さんのことやろ。今まで何しとったんじゃ。

そんなこと言われても、ほとけさんのことはかあちゃんに任せっぱなしやから。わしにとったらほんまに、ほっとけさんやもん。

毎年、秋の今ごろになったらお寺さんが、先祖の命日でもないのに、わざわざお前の家もそうやけど、門徒の一軒一軒を回って来はるやろ。そんなことぐらいは知ってたやろ。

そうでんねん、なんか前から不思議やったんや。何で親の命日でもないのんに、ぼんさんが来るんかなて思うとったんや。一年の終わりぐらいやさかいに、一年間、無事過ごせたことの感謝のお勤めかいな、田舎のほうやったら採り入れもすんだころやし、収穫の感謝のお勤めかな、それともなんか、お寺の年会費みたいなのん集金に来はるんかなて思うてたんや。

まあそれは時期として、そう受け取られてもしょうがないことでもあるけどな。

なんや。やっぱりそうでしたんかいな。おれも満更でもないんやな。

違うがな。早とちりしたらあかん。ぼんさんが来はるのがそんな時期やさかいに、そう取られてもしょうがないな、て言うただけや。本当の意味は別や。

紛らわしいことは言いなはんな。結果、大家さんも知らんのやろ。知らんなら知らんて正直に吐きなはれ。

吐きなはれ、はちょっときついな。そら、詳しいことは今度ぼんさんに直接聞きなはれ。それが一番間違いもないし、お前にしても、わしが言うより納得しやすいやろ。そやけど、世間の人が知ってることぐらいは知っとけよ。かあちゃんにもアホにされんですむで。

そんなら、その世間が知ってる報恩講さんいうんを、ちょっと教えたれよ。

「教えたれ」違うやろ。「教えてください」やろがな。お前は、まず言葉遣いから勉強せなあかんな。お前はそんならちっちゃいときから、仏壇の前に坐ったことないんかいな。

いらん講釈はいらん。早よう聞かしたりぃな。その報恩講たらいうもんを。

ところでそんならお前とこは、一体何宗やねん。

何シュウ？　それはいっぺん役所に聞いてみんならんな。

なんで役所やねん。

そらそうでっしゃろ。わしのとこがオレゴン州か、カンザス州か、なんか他の州か。あ、そうか九州もあるな。

お前はほんまに底抜けやな。その州とは違う。宗派のことや。禅宗とか、浄土宗とか、真宗とかあるやろ。その宗のことや、わしが尋《た》んねてるのは。

なんやその宗かいな、そうならそうとシュウと言うてくれたらええのに。偉そうに突然、お前とこは何シュウやて聞くさかい、ひょっとしてオレゴンか、カンザスか、九州かなて悩んだんや。

　知らん。

知らん？　そりゃ弱ったな。でもお前んとこのかあちゃんのほうが、万が一先逝ってしもうたら、お前どないすんねんな。お寺もわからんのと違うか。

えっ、あいつが先逝く？　それはないわ。あんなかかあ、殺したって死なへん。この間なんか賞味期限が切れてる饅頭を、ちょっと匂い嗅いで、まだ大丈夫や言うてうまそうに食うて、まだぴんぴんしてるんやから。

お前いうやつは、ほんまに何もわかってないんやな。お前、ぼんさんがお勤めしたはるとき、家に居たことないんかいな。

そら何回かあるわいな。おれはそんな不信心ちゃうで。

そら悪かった。わしもちょっと言い過ぎたかな。そんならそんとき、ぼんさんが何言うてはったか覚えてるか。

大家さんや思うて黙って聞いてるけど、その質問は失礼やで。

そやったな。そらごめん。この通り謝るわ。そんで、なんて言うてはった?

そやから失礼や、言うてるやろ。そんなん覚えてるわけないやん。あんなムニャムニャ言うてはんのん、どないして覚えられるねんな。無茶言うたらあかんわ。あんなん覚えられたら、今ごろここには居いひん。国会で総理大臣なってるわ。

聞き方が悪かった。そのムニャムニャの前後になんか言うてはるやろ。ナンマンダブ、ナンマンダブとかなんとか。それを覚えてないかて聞いてるんや。

大家や思うて安心してたけど、あんたもすっこいな。

変なこと言うな。なにがすっこいねんな。その言葉、場合によったら許さへんで。

そやないかいな。なんで家に来はるぼんさんが、ナンマンダブ、ナンマンダブて言うの知ってんねんな。ひとの家のこと盗み聞きしてたな。そんでお布施出さんと、タダ参りしようとしたんやろ。

アホ言いなさんな。なんでわしがお前の家のを盗み聞きせんならんのや。人聞きの悪いこと言いなさんな。それに何やて、タダでお経聞こうとしたって？　あんまりええ加減なこと言うたら許しまへんえ。そらな、ぼんさんのお経の声が聞こえてたら、余所さまの家の前であっても、手の一つも合わせますわいな。そやけどそれはありがたいさかいに手を合わせるので、お布施をケチってるのとは違います。

そうかな。大家はケチで通ってるさかい、ひょっとしてお参りも余所の家ですませてるんやないの？

もういい加減にしなはれ。それでぼんさんは、どない言うてはんのや？

それやがな。さっき大家が言うた、盗み聞きしてたいうナンマンダブ、ナンマンダブやった。そう一人でつぶやいてから、ムニャムニャ言うわ。

それはな、ムニャムニャやのうて、キミョウムリョウジュニョライ、ナモフカシギコウ、ホウゾウボサツインニンジて言うとられるのや。

何や、そのキミョウムリョウて。なんかのまじないか？

お西、お東

ショウシンゲ（『正信偈』）いうてな、お参りのときにみんなで唱える言葉や。まじないなんかとは違う。お前のところの宗旨は、浄土真宗やで。しっかり覚えときなはれや。これも聞いてもわからんやろうが、お西か、お東か？

北か、南か。

言うやろて思うてた。浄土真宗いうのはな、本山が京都の東にあるか、西にあるかでそう呼ばれてるのや。仏壇の屋根が一重か二重になってたかわかるか。

確か一重やったな。

偉い、よう見てたな。それならお前のとこはお西や。

なんでそんなこと勝手に決めるねん。

お東のんは、本山の本堂の屋根が二重になってるのに、家の仏壇も倣ってるんや。

東のほうがええのに。

また真面目に、なんでや。

東のほうが、横綱でも大関でも強いほうやんか。東のほうがええわ。

本山は強いから東、弱いから西と決めるのとは違う。単に本山がある場所だけのことや。強いか弱いかはわからんけど、もともとは西が本家筋なんやで。

大家は知らん言うてるけど、やっぱりそこそこ知ってるやん。ところでその浄土真宗てなんやの？

今から大体八百年ほど前に、親鸞いう人が開かはったんや。

知ゃんらん。

つまらんシャレは言わんでよろしい。
親鸞さんのお師匠さんが、浄土宗を開かはった法然さんや。源空さんとも言うな。

ほうねん。

また、つまらん誰でも言うシャレは、止めなはれ。

そんで、その浄土真宗いうのんは何やねんな。早よ教えたんなはれ。いらん講釈はよろし。スパッと一言で、この頭でもわかるように頼んます。

減らず口ばっかり叩かんでよろし。浄土真宗いうたら、ネンブツや。

ほら、やっぱりわからんこと言うやろ。ネンブツてなんでんねん。あの、馬の耳にもネンブツいう念仏でっか。

言葉というか文字はそうやけど、趣はちょっと違うな。

勿体ぶらんと、ちゃんと教えたりぃな。

勿体ぶってるわけやないけどな。馬の耳にも念仏いうのは、言うても言うても言葉ばっかりで、ちっとも効き目がないいうことや。親鸞さんが言わはった念仏、ナンマンダブツは効き目があるとかないとかとは、ちょっと違うねんやな。

どない違いまんねん。

効き目は自分ではつかめんいうことや。注射打ったから熱が下がったということとは違ういうことや。それは自分がわからんだけで、ナンマンダブ、ナンマンダブ言うことで、ほとけさんがちゃんと傍に居てあげてるよ、というしるしやねん。

注射打ってもろうてても、熱下がらへんかったら意味ないやんか。ただ痛いだけや。そんなんて、なんかものすごう損してるみたいやな。

そこやがな。お前さんの危ないなて思うところは。何でもかんでも結果が目に見えたらええというもんでないいうことを知らんと。信心て、結果が目に見えるもんとは違う。むしろその場で結果が見えへんもんのほうがまともな信心で、まともな宗教やろな。

そんなん言われても、やっぱし注射打ったら、熱下がってもらわんと。

ええか、そこやがな。注射打つのも大事やけど、注射打たんでも根本から治すほうに普段から心がけることのほうが大事やないか。

ほうら、だんだん大家の偉そうな口ぶりが出てきた。そうしたらなんかいな、普段からナンマンダブツを口にしとけいうことかいな。

偉い。ようわかったな。その通りや。慌てて注射打たんでもええいうことや。痛い思いするだけやろ。

命日参り

ところで、そのナンマンダブツと報恩講と、どう関係おまんねん。

そうやった、そうやった。お前と話ししとったらいっつも横道へ行ってしまう。その報恩講さんやったな。

報恩講いうのんは、今言うたナンマンダブツをいっつも口にしなはれやて教えてくれはった、浄土真宗を開かれた親鸞さんの命日に会うようにして、それぞれの家で、ご別院で、そしてご本山で勤まるお勤めのことや。今は他の宗派も報恩講いうてなんか勤めたはるようやけど、もともとはこの真宗が始めたことやねん。親鸞さんがこの世に出てくれはった、そのご恩に報いるみんなの集まりいう意味や。

そしたら親鸞いう人は、この忙しい年末に死なはったんかいな。

ここがまた、お前に説明するとちょっとややこしいんやな。

そらまたなんでんねん。そのややこしいいうのんて。死なはった日なんてややこしいもも何も、一つしかないやろ。

ほうら、そんなにうれしそうな顔して。近づかんでもよろしい。声はちゃんと聞こえてるやろ。ところでお前、夕べなに食うたんや？　なんかややこしい匂いするで。

ニンニクの丸焼きに、レバニラ炒め、餃子、それに店替えて、インドのカレー。

そんだけいっぺんに食べたんか。道理でややこしい匂いや。ちょっとだけ離れとき。声はちゃんと聞こえてるさかい。

何もそんなに急に毛嫌いせんでもええやんか。大家かて、そんなん食べることあるやろ。ところで早よ、そのややこしいいう話、聞かせてぇな。

親鸞さんには命日が二つあるいうことや。

ええっ、なんでまた二つも命日がおまんねん。あっ、そうか、一年に二回命日のお勤めして、二回お布施貰おうとしたんやな。どうや、図星やろ。この強欲張りめが。

違うがな。そやからわしはお前と話しするときは、よっぽど注意して、言葉も選んでるんや。確かに親鸞さんの命日は今のとこ年に二回あるけど、それはさっき言うたお西とお東で別々の日を定めたはるいうことなんや。お西は一月十六日を命日としたはるし、お東は十一月二十八日を命日としたはるいうことや。

なんでまた、そんなややこしいことになってまんねん。どっちか喧嘩に負けて日を変えはったんやな。そうやろ？　そんでどっちが負けたんや？　お西か、お東か？

喧嘩をしたんとは違う。暦が変わったんや。お前も言葉ぐらいは知ってるやろ。旧暦と新暦て。

きゅうり巻きにしんこ巻きなら知ってるけど、その新暦や旧暦てなんだんねん。

そうやな、今から百二、三十年前の明治の初めに、何でもかんでも西洋がええ、西洋に倣え、そのほうが便利やいうんで、それまでの日本で昔から使うてた暦を、西洋の暦に変えたんや。

だれが、なんで？

時の政府が、今も言うたように、西洋の真似せんならんいうてや。

それがお西とお東と、どう関係があるねん?

昔の日付通りやと、親鸞さんの命日は十一月二十八日やねん。お東はその日付通りを選ばはって、お西はその日付を新しい暦に合わせはって一月十六日としはったんや。気候としてはそうたいして変わらんやろうけど、どっちかいうたら一月のほうが実感として近いやろうな。

そんならその日付に合わせて報恩講をしたらええのに、なんでこんな十月になってわいわい言うねんな。

いっぺんに全部の門徒の家やお寺や本山やで、お勤めすることって、無理やろ。そやからお取り越しとも言うてな、門徒の一軒一軒でまず勤めてもろうて、次にそれぞれのお寺で勤まって、そしてご本山でご命日に勤まる。まあ、裾のほうから順番に盛り上げて、クライマックスを迎えようというわけや。

そこでムニャムニャが始まるんやな。

ムニャムニャやない。『正信偈』や言うたやろ。親鸞さんの直の言葉や。親鸞さんが、お釈迦さんのたくさんの言葉の中から、これが一番大切や言うてはる『仏説無量寿経』というお経の意味や、お念仏や浄土の教えを親鸞さんまで伝えてくれはったインド、中国、日本の七人のお坊さんを紹介してはるんや。そして最後に、この七人のお坊さんの言わはったことをただ信じなさい、言うて終わってるんや。

そこまで大家は詳しいんなら、そのムニャムニャやない、『正信偈』やったな、その中のちょこっとおいしいとこだけ教えてぇな。

あのな、そやからお前とは話しがしにくいんや。おいしいとことか、不味いとことかはないんや。みんなおんなじに大事な言葉ばっかりなんや。それに、ちょこっとというのもけしからん。聞くなら全部聞きなはれ。

ほれ、すぐムキになるやろ。それが大家の治さんならんとこや。みんないうてまんがな、知りまへんか。大家は人はええけど、あのクソのつくほどの真面目が取れたらもっとええ人やのに、て。

これはわしの性根や。ほっといてくれ。治るもんならとっくに治してるわ。

わかってまんがな。そうカリカリせんと、ちょっと落ち着きなはれ、そんならその『正信偈』たらの中で、大家が好きな言葉教えてぇな。長いのはあかんで。

それならそうとはじめから頼みなさい。それにしてもお前は一言多いな。『正信偈』は長いも短いもない、一行七文字なんや。六十行あって二句一行で百二十句。八百四十文字ある。中でも「大悲無倦常照我」なんかは、綺麗な言葉やな。そうやな、ほんまに好きいうたら、「不断煩悩得涅槃」かな。

そのフーダンボンノウトクなんたらいうのんは、何でんの？

文字通りなら、煩悩を絶たずして涅槃を得る、いうことやけど、もうちょっと砕いて言うと、あるがまんまのわたしが、そのままで覚りの世界を約束されている、いうことや。

それ、いただきや。何にもせんでええのんなら、そんな楽なことはない。わしにうってつけや。

そう言うやろ思うてた。みんなそこで間違うんや。さっきも言うたやろ。何にもせんでええいうのは、間際になって何か目的が叶えられるように何かを、ここなら念仏をするいうこととは違ういうことや。いつでも、どこにいても、阿弥陀さんの手の中やいうことを思い続けて、念仏を忘れたらあかんいうことや。何にもせんでええというのは、特別なことはいらんいうことや。いのちのある限り、ナンマンダブツは忘れたらあかんのや。

そんなら簡単やんか。いっつもナンマンダブツ言うてたらええんやろ。

でもな、それがお前が思うほど簡単やないんや。いのちのある限り、て言われるくらいやから、いつまでという区切りもないねん。何時間とか、何日間とか区切りがあったほうがはるかに楽やんか。区切りがないいうことは、えらいしんどいことやで。そやから親鸞さんが、このままで、と言われることはそんなに簡単なことやないいうことや。

えらい厄介なことやな。そんなら大家は、そのいのちのつづく限りというやつをやってんのかいな。

そこや。特別なことをやってる思うたらあかんのや。ごく当たり前に、息するのんと同じや。ナンマンダブツ、ナンマンダブツて出てくるんや。

ふーん。『正信偈』か。報恩講さんてそういうことやったんかいな。てっきり、ぼんさんの一年分の経費の集金やばっかり思うてた。

御堂筋はお参り道

まだそんなええ加減なこと言うてんのかいな。いっぺんお寺にお参りに行っておいでぇな。この近くならお西さんなら北御堂さんやし、お東なら南御堂さんやし、どっちでも家の報恩講さんの前に行ってみたら。今ならどっちでも報恩講のお話しがあるはずや。

ところでお前、なんで大阪のど真ん中の南北に貫く通りを、御堂筋ていうか知ってるか。そんでずらっとイチョウの木が並んでるのか。

そやねん。あれかなわんねん。実できたら臭いやろ。落ち葉多いやろ。雨降ったらぺたって地面にくっついてなかなか取れへんし、それに下手に上乗ったらツルッてよう滑りよんね。そんでまた時間経ってもしばらくは腐らへんし、やっかいな木やんか、あのイチョウいうやつは。なんでか教えて。

今、答えも一緒に言うたやないか。ほんまにお前は人の話、ちゃんと聞いてへんな。北御堂さんと南御堂さんを結んでる道路やさかいに御堂筋なんや。そんでお寺の前やさかいにイチョウの木が植えてあるんや。この近所でもちょっと境内が広いお寺なら、ほとんどイチョウがあるやろ。それと一緒や。

そこまで言うんやったら、なんでお寺にイチョウが植えてあんねんな。

イチョウいう木は、水を仰山含む言われてんのや。それで万が一お寺の周りが火事になっても、イチョウが火の勢いを自分の水で防いで、本堂を守ってくれるいうことなんや。そやからお寺にはイチョウが植えてあるんや。

大家って仕事は、そんなに何でも知ってなあかんのんかいな。

いらんこと言うてんと、いい加減に家帰って仏壇の掃除せなあかんやないか。かあちゃんに叱られるで。

大掃除は大騒動

仏壇もな、中にごちゃごちゃいろんなもん入ってるし、掃除せいいうてもほんまに厄介やねん。どっから手ェつけてええのんかわからん。

まあ、それは言えるな。大体が漆やから、掃除やいうても、濡れたもんで拭いたらあかんし、乾拭きか、羽箒でさっと払う程度やけどな。

そんなんは、ちょっとぐらいわかるわいな。わしが言うてんのは、こまごました道具をどう並べたらええのんかが、わからんようになるいうことやねん。なんか順番でも書いてあったらええのに。一度ばらしてしまうと、ほんまに戻すのに、わからんようになってしまう。大家はわかってるんか、並べ方。

おおよそやけどな。例えばよう間違うてるのが欄干や。柱が外側で、くにゃりとなって下に着くようなのを真ん中に向けるんや。これがよう逆になって、柱が真ん中に向いてることがある。それから、香炉やろうそく立てで、足が三本になってるのがあるやろ、あれもよう間違うて置かれてるな。

あんなもんに置く決まりがあるんかいな。

ちゃんと決まりがあるんや。手前を一本にして、奥に二本。両側の耳を真横にしたら、それでちゃんと正面になってるんや。

他にわしでもわかる決まりがあったら、このついでに教えてぇな。

ええ心がけや。報恩講さんでなかったら、こんな機会はお前になかったやろうな。親鸞さんと、掃除してやて頼んだかあちゃんに、感謝せなあかんな。

そんなんどうでもよろし。何に注意したらええのんか言うてぇな。

まず一番目立つのは、ろうそくと花の位置やな。

あんなもん、どっちがどっちでもええん違うの。

ええことない。右側にろうそくで、左側に花と決まってるんや。真ん中が香炉や。

そんなら奥に掛かってる人の絵も、場所が決まってるんかいな。

そうやな、ちゃんと決まってるで。真ん中が阿弥陀さんで、右が親鸞さん、左が蓮如さんや。これは描かれてる顔が横向いたはるから、お互いが真ん中向かはるようにそのように掛けたら、自然に右、左が決まって、間違うことはお前でもないはずや。

「お前でも」ってきついな。まあええわ。教えてもろてるし、いまんとこは許しといたろ。でもこの前参った家は、奥に掛かっとったんは、絵やのうて、字やったで。字でもやっぱり右、左の決まりってあるんかいな。

よう見てたな。ああ、ちゃんと決まりはあるよ。真ん中が南無阿弥陀仏で、右が帰命儘十方無碍光如来、左が南無不可思議光如来や。九字、十字名号とも言うてな。右から『正信偈』のキミョウムミョウ……。そして左でナモフカシギコウ、て覚えたら簡単やろ。

それはそうと今、大家さんが言うてくれた、右、左いうんは、仏壇に向かってのことなんやろ。

そうや、そうや。わたしがていうか、拝む側から見て、いうことや。阿弥陀さんのほうから見たら右、左の場所は逆になる。お経に書かれてるのんは確か、阿弥陀さんを中心にしてやって、お寺のお説教の中で聞いたことがある。

そういう意味では今言うたんはお経の表現とは違うてるんやけど、仏壇に向かうことしかできひんわたしらは、阿弥陀さん中心に右、左言われてもこんがらがってしまうやろ。

京都の街の、左京と右京も御所の正面が南向いてるさかい、その御所を中心として東側が左京やし、西側が右京なんや。そやけど御所の南側にある京都駅から見たら、左京、右京は逆になって、なんでやのって思うてしまう。

政治でも今はあんまり言わんようになったけど一時よう言われたんが、右翼、左翼いう言葉や。これなんかはそもそもは、フランスでの国会の本会議場の、議長席から見て右側に位置する人、左側に位置する人のことなんや。

野球の右翼、左翼いうのも、あれは内野席からいうかホームベースのキャッチャーから見ての右、左やな。外野のセンターボードを中心として見るのんとは違う。

ついで、いうたらなんやけど、川の堤の右岸、左岸は上流から下流に向かって右、左ていうことに決まってる。

かえっていろんなこと言うてややこしなったかもしれんけど、仏壇いうかほとけさんのことだけやな、わたしの都合で右、左を決めてんのは。阿弥陀さん中心なら今言うてる右、左は逆にせんならんし、お参りする側から言うんなら今のままでええしやな。

そやけど、わしらはやっぱりお給仕させてもらういう気持ち忘れたらあかんし、阿弥陀さん、ご本尊に向かって右、左いうのんがまっとうやろな。

そうか、みんな指定席になっとんやな。まあ覚えてしもたらどうてことないな。

えらそうに。その覚えてしまうまでが、毎日のことでないと、ついわからんようになって、慣れん掃除した後、ちぐはぐに飾られても気付かんことがあるんや。大事なんは、毎日仏壇の前に坐ることや。そして阿弥陀さんにお給仕することなんやで。お仏飯、ご飯やな、それを供え、花の水を換え、香炉で焼香し、念珠を両手に通して合掌し、ナンマンダブツて念仏唱え、頭下げることや。

毎日て言われるとちょっと自信ないけど、することは簡単やんか。ご飯はかあちゃんがしてくれるし、花の水かて、そんなに毎日換えんでも花は枯れへんし。

枯れる、枯れへんの問題とは違う。浄土真宗ではお水とか、お茶とかは供えへんのんや。それぐらいは知ってたやろ。

いや、不思議やな、て思うとったんや。よその家の仏壇にはほとんど、ちっちゃい湯飲みみたいなんかに水とかお茶とか入れて供えたはんのに、なんで家はせえへんのかな、て。

そうなんや。供えんでもええんや。その代わりいうたらなんやけど、お花の水を毎日取り換えるいうことや。

ほんなら今の花枯れてしもたら、あと空っぽにしといたらええねんな。

それがあかん言うてんのや。お前はやっぱり心配やな。

お焼香は他人より自分

ついでに聞くけど、お前、お焼香てどうすんのんか、ちゃんと知ってるんか？

あんなん、ちょこっと三回つまんで、三回頂戴して、三回香炉に入れたらええんやろ。

ほら、心配が当たったやないか。そら、他の宗派はそうかも知らんが、お前の浄土真宗のお西は、一回だけ親指と人差し指と中指の三本でしっかり香をつまんで、そのまま頂かずに香炉にくべるんや。一回やから、頂かへんからいうて、決して失礼にはならへん。それより自分の宗派の決まりなんやから、堂々としたらええ。よその真似するほうが、かえって失礼なことなんや。

今のん聞いて、ちょっと安堵したわ。やっぱし先の人が二回とか三回とかしはったら、そうせんとなんか失礼な気がして、おんなじように真似してたんや。もう次からは今なろうた通りにしたらええねんな。

知っといてよかったやろ。

ついでいうてはなんやけど、教えてほしいことが他にもあるんやけど。

ほう、えらい殊勝な。何なり聞いて。わからんことは、わからんて言うさかい。

焼香する入れ物、香炉いうやろ。その香炉て仏壇に二つあるやんか。カネのんと、焼き物のんと。あれはどっちをどう使うのんが正しいのかがわからん。

本来、人が焼香するときは、カネのんで、焼き物は撚香いうて、お香をある時間焚いておくために使うものなんや。お参りするときは、カネのんを手前にして、焼き物のんを奥というか上の段に置くのが形や。そ

やけど仏壇のカネの香炉てとても小そうて、焼香するにはあんまり適してないみたいやな。そやからいうわけやないんやろうが、多くでカネを奥に置き、焼き物に人が焼香しているのを見るけど、やっぱりあれはおかしいんやで。できたら、飾りのんはそのままにして、別に少し大きめのカネの香炉を用意するのがええやろな。

香炉はわかった。そんなら焼香する火はどないしまんねん。

今それを言おうとしたとこなんや。やいやい言いなさんな。本来は小さな炭を用意するのやけど、お香屋さんや仏具屋さんに香炉火の元みたいなものがあるから、それを準備しとくのがええやろ。それらがないときに臨時の手段として、線香を適当な長さに折って、火をつけて香炉に寝かせて、焼香の火種として使うことがある。お前のとこのお西では、間違っても線香を立てて使わんことや。立てて使うのは、時間を知るためやからな。線香を香炉に入れるのはあくまで火種やからな。

わしもそうやないかなて思うとったんや。灰の中に火があるのに、頭に火つけた線香立てたら倒れるのはわかりきったことで、何であんな危ないことすんのかなて思うてたんや。これからそんなん見たら注意したろ。

注意すんのはええけど、そこの宗旨をちゃんと確かめてからにしいや。もともと線香を立てる宗旨かもしれんからな。注意するんならくれぐれもお西だけやで。

だいぶいろんなこと教えてもろうたな。大家、いや大家さん、ほんまにおおきに。

礼言われるほどのことでもないけど、そうしおらしいと気分はええもんやな。でも、もういっぺん言うとくけど、あんまり人様の前で今知ったからいうてそのまんま言うと間違うことがあるから、家で何べんも自分でやってみてから他人に言いや。そうやな、まずかあちゃんの前で言うてみて、かあちゃんが黙って聞いてくれたら、まあええやろ。

それにな、これはわしも気いつけんならんことやけど、「ぼんさん」言うのん止めたほうがええで。

あんたが言い始めたんやんか、ぼんさんのことぼんさんて。そんなら、ぼんさんにぼんさんて言わへんかったらなんて言うねんな。

そうやな、ちょっと畏《かしこ》まったらご住職とか、ご住職さんとかやろうけど、なんか堅苦しい感じやな。おっさんとも言うけどな。和尚さんがなまったんやろけどな。ここらへんやったらご院さんが多いし、これからはご院さんて言うようにしたほうがええで。これもご院家が訛ったもんやろうけどな。

浄土真宗いう宗派としての、これやていう決まった呼び名ていうのんは、ないん違うかな。

それこそいっぺん、ご院さんに直接聞いてみ。正式な呼び方があるんかどうか。

おおきに。家帰って早速に仏壇の掃除して、報恩講さんに参るわ。かかあにズバッて言うたんねん、びっくりしよるやろな。

×　×　×

おい、今帰ったで。

どこほっついてたん。仏壇掃除していうたらぽいっと出て行ってしもうて。ほんまにあんたていう人は、家のこと何にもせん人やから。明日報恩講さんでお寺さんが来はるいうのに、どないしますのん。

ぽんぽんぽんぽん、言わんでもええやんか。やかましいわい。ほんまにお前に言われたら、なんでも成るもんも成らへんようになるわ。もうちょっと考えて喋れ。

考えて喋ってたら日が暮れます。あんたにはこれでも言葉数は少ないほうなんや。ぐずぐず言うてんと、はよ仏壇とこ行きなはれ。仏壇とこ、わかったはるでしょうな。

ほんまに腹立つ奴やな。誰の家や思うてんねん。自分の家の仏壇ぐらい何処にあるか、目つぶっててもわかるわい。

×　×　×

しかしなんやな。仏壇の中て、こうして改めて見てみると、仰山に物が入っとんな。阿弥陀さん、せせこましいことないんかいな。それにあんまり気にならんかったけど、この電気のコードも、ごちゃごちゃとなんか不細工やな。ほんまにこれ全部要るんかいな。

ほとけさんは絵やさかい、これで右、左おおてる、まずよし、と。

でもほとけさんの前の、この皿みたいなんはなんやろ。

この手すりみたいなんが、大家が言うとった欄干いうやつやな。あの大家、ほんまに家のこと覗いとったん違うかな。柱が真ん中にきとるやんか。よし、黙って直しといたろ。

これはなんや。この間、町内から持ってきた神社のお札やんか。なんでこんなとこに入っとんねん。でもちょっと待てよ。神さんのもんやから、やっぱし仏壇に入れとかなあかんのかな。後で大家に尋《た》んねてみたろ。

このちっちゃい器に水が入っとるけど、これも置いとかんならんもんかな。あぁ、これが要らんもんや言うとった水やな。これは外しとこ。しもた。大家にまるで家の仏壇には水の入れもんなんかないように話したけど、やっぱしついとったんやな。これやったら、まるでお参りしてへんことの証明みたいやな。

この花はなんや、えらいカサカサしてる思うたら、ほんまもんと違う造花やんか。こんなんでええんかな。

親父もお袋も、仲好う並んで収まっとるけど、この写真立てもなんか狭苦しいな。じいちゃんやばあちゃんの、ほとけさんの名前、こんな板に書かれたままでええんかいな。親父やらのんと全部で四つは多すぎるやろ。

こうなったら掃除だけしておいて、大家に聞くより、明日ぼんさんに、いや違うた、ぼんさん言うたらあかんて大家が言うとったとこや。ええと、なんやったかいな。ごきげんさん、違うな。ごあさん、違うな。ごかさん、違うな。ごささん、こたさん、ごなさん、違うな。ごいさん、ごきさん、あっそうや、ご院さんやった。そのご院さんに直接みんなを聞いたろ。そのほうが大家の顔見んですむし、手っ取り早いわ。

いよいよ報恩講

こんにちは。

おや。珍しいことやな。

とうちゃん居《お》ったんかいな。どないな風向きや。

一年に一回の報恩講さんや。せめてこんなときぐらいお参りせな、ぼんさんの、いや違う、ご院さんの顔もわからんようになってしまうわ。

ええ心がけや。そんならお勤めしょうか。かあちゃんも坐って。

お茶なんかは後でええ。とりあえず坐ろうな。さあ、とうちゃんも一緒にお勤めしょう。

この本持って。

こんなん持っても、わし、わからへんやんか。

『正信偈』て書いてあるやろ、そこや。ゆっくり読むからついておいで。ひらがながついてるさかい、どうてことないやろ。間違うてもええから大きな声出しや。

なあ、ご院さん、わし、本持つのんて学校以来初めてや。新聞も読まへんのに。だいたい活字見たら目まいする性質《たち》やねん。

そんならもういっぺん学校時代を思い出しいな。懐かしいやろ。さあ覚悟決めて、始めるよ。

まずろうそくに火を着けて。とうちゃん、香炉に入れる炭はないんかな。ないんならよろしい。線香で代わりをしよう。お香がもうちょっとほしいな。なに、この左側の引き出しに入ってるてか。さすがかあちゃんや、すぐわかるな。とうちゃんも、早よこうならなあかんな。

――いらんことブツブツ言わんと、はよお勤めしたらええのに、なにぶつくさ言うとんね。そやけど大家が言いよった通りやな。線香折って火着けよった。――

ナマンダブ、ナマンダブ。
チーン、チーン。
キミョウムリョウジュニョライ

――初めて聞くけど、このご院さんええ声しとんな。だいぶカラオケで鍛えとんな。そやけど偉いもんやな、座布団の上やけど、ピクリともせんと坐っとる。きっと初めだけやぜ、今に辛抱堪らんようになって足うごかしよるぜ。――

イッサイゼンマクボンブニン

――そやけど、かかあもようついて行きよるな。なんぼゆっくり言うてもやっぱり難しいわ。これ、かなを拾い読みするさかいにわからへんようになるんちゃうかな。あとで聞いてみたろ。知ってる漢字だけ追っかけてるほうが、よっぽどようついていけるわ。――

シャカニョウライリョウガセン

──このご院さん、なかなかやりよるな。声もスピードも始まったときとほとんど変わってへんやん。それに姿勢も崩れへんし。まあ、始まってまだ間がないし、もうちょっとしたら崩れてきよるぜ、きっと。──

ホンシドンランリョウテンシ

──ほんまにどんだけカラオケで唄うとるんやろ。そやけど聞いてたら、なんとなく何かわからんけど頭が下がるいうか、ちょっと違う気分になってくるな。なんなんかな、これって。──

ゼンドウドクミョウブッショウイ

──えっ、これって歌やんけ。へぇ、おもろいな。えらいリズミカルやん。そやけどこのご院さん、よう声が続くな。ご院さんて、みんなこんなんかいな。今まではわけわからんことをムニャムニャ言うてるばっかしやと思うてたけど、考え変えんならんな。──

チーン。

——終わったか。——

ナーモアーミダーアァンブー

——ええっ。まだかい。どんだけ言うたら気がすむねん。それにしてもえらい音の高さが変わっていくな。お勤めってこんなんが本当なんかな。これも聞かなあかんな。それにしても、もうこっちが足堪らんわ。胡坐かいてもええやろ。ご院さんからは見えへんし。せやけどこんだけ長いことお勤めされたら、きっとお布施もえらい仰山包まんならんのやろな。かかあ、一体どんだけ包みよったんかな。しもた、このこと大家に聞いとくの忘れた。おれはやっぱしどっか抜けとんにゃな。肝心のことやのに。今更かかあに聞くわけにもいかへんし。それにしてもおれが小遣いのことちょっとでも言うたら、ぎゃあぎゃあ耳がどうかなりそうなぐらい文句言われるけど、ご院さんにはどんなんやろかな。へえ、まだ足くずしよらへんな。どんな足してんのかな。——

ミダジョウブツノコノカタハ

——今度は言うてる言葉が、ちょっとは聞いてるだけでもわかるな。さっきよりかは、日本語に近づいとるな。でもなんでさっきまでと違う言葉なんやろ。——

アーミダンブーゥ

——また音が変わったぞ。ほんまにこのぼんさん、いや、ご院さん、ようやるな。——

ゲダツノコウリンキハモナシ

——これはまた派手な音の移り変わりやな。お経てこんなんやったかな。このご院さん、他人の気惹こう思うて、勝手に節つけて派手目にやっとんのと違うんかいな。——

ナーモアーミダァアンブー

――こりゃまたえらい高い音やな。ご院さん今まで声出し続けてるのに、まだどないしてこんな声が出てるんやろ。――

ショウジョウコウミョウナラビナシ

――まだ続くんかいな。どんだけ言うたら気がすむんやろ。そやけど不思議やな、今まで聞きもせんと、勝手にぼんさんてみんなこんなもんやろ、お経てこんなもんやろて決めてたけど、こないして自分の家の仏壇の前で坐ってると、えらい違うもんやな。でもこないして順繰りに音が上がっていくいうことは、ここらがクライマックスになるん違うかな。――

ガンニシクドク

――やっぱしそうやった。どんどん盛り上げてきて、スーと終わっていく仕掛けになってるんやな。わかりやすいな。――

チーン、チン、チーン。

ナマンダブ、ナマンダブ。

× × ×

今日はようこそ報恩講を勤めていただいたな。毎年今ごろになると門徒さんの家で必ず勤まるのが、この親鸞聖人、ご開山へのご恩に報いる報恩講や。今日は珍しくとうちゃんが参ってくれたな。おおきに。ほんまによう参ってくれた。かあちゃんに言われたからかどうかは、どうでもよろし。どうであろうと、とうちゃんがそこにでんと坐っていてくれることが何より大事なんや。あぁ、焼香まだやったな。はい、お盆渡すわ。ほう、作法知ってるやないか。それでいいんや。無駄なことは要らん。

ところで今日は、今も言うたように親鸞聖人がお念仏を、わたしらに伝えてくれはったご苦労に、そのご命日に会うようにして報いる、浄土真宗の門徒として最も大切なお勤めや。

そして親鸞聖人、浄土真宗を開いてくれはったお人やから、親しみをこめてゴカイサン（ご開山）とも呼ばせてもらうことが多いな。

ご開山が伝えてくれはったんは、お念仏や。

お念仏いうたら、ナモアミダブツ、漢字で書いたら六文字や。そしてこのナモアミダブツは、他力の念仏と教えていかはったんや。

他力いうと、他力本願いう言葉がよう使われるけど、自分は何にもせんと、周りが勝手に、自分に都合のいいことをしてくれるように取られているようやけど、それは親鸞さんが言うたはる他力とは、全く違うことや。

親鸞さんが言わはる他力というんは、すべてが阿弥陀さんの働きで、自分の計らいは何もないいうことなんや。いつの間にか阿弥陀さんの働きいう、大事な部分が抜けてしもうたんや。

わたしら人間なんて何をするにしても知れたもんなんや。まずこの自覚が要る。そうでしかないわたしいう時点に立ってすべてを眺めてみたら、つまらん、小さな自分しか見えてこうへんのや。そんな小さなわたしやさかいに、わたしの側からの、助けてくださいいう、願い、頼みと違うて、阿弥陀さんが、そんなわたしであればこそ、そのわたしを救わずにはおかないという強い願いを起こしてもろうて、いのちあるものすべて救わずにおかないと、お慈悲の手の中にしっかりとつかみ取ってくれはるんや。

この阿弥陀さんの願いいうのんが本願やな。そしてこの阿弥陀さんの働きが他力いうんや。

そうしたら阿弥陀さんの手の中に抱かれているわたしって、どうしたら自分にわかるのか、やな。

それは阿弥陀さんの働きを実感として知りたい、声が聞きたい、手で触れてみたい、姿を見てみたい、いう思いと一緒や。お念仏の縁を聞かんでも持つ、ごく当たり前の思いや。聞かれへん、触られへん、見られへんいうと、そやから阿弥陀さんなんかいいひん、信じられへんのや、坊さんの言うことなんか信じられへん、いう答えが返ってくんねん。わたしらの生き方て、なんでも触れて、聞けて、見られるもんばっかりなんやろか。

あんた親の働きて、どんなんかわかるか。

あんたが赤ん坊のとき、夜中に泣き出したとするな。親はどないする？　お腹空かしてんのと違うやろか。どっか痛いのんと違うやろか。熱が出てんのと違うやろか。さまざまに思いを巡らすやろ。

そんで時間見て、お腹空かせてる時間ならおっぱい含ませるやろうし、ミルクの準備にかかるやろ。おでこ触ってみて、熱ありそうなら薬の準備をするやろうし、場合によったら、救急病院へあんたを抱いて走るかも知れへん。

またよちよち歩きを始めたころ、あんたが表に勝手に出て行こうとしてみ、親は飛んできて、あんたの襟首をつかんででも部屋に引き戻すやろ。あんたとしては外へ行きたい一心や。でも親はあんたの思いを無視して連れ戻すやろ。

この親の働きてなんなんやろ。頼まれてしていることなんやろか。したからいうて、なんか見返りがあることなんやろか。

頼まれたわけでもないし、ましてや見返りなんて一切ないもんやし、求めてもいいひんもんや。

でも親はするねん。

ところであんたも今でこそいっぱしのオヤッさんやけど、あんたの親もそうしてあんたを育ててくれたこと覚えてるか。

汚れたオムツを取り替えてもろうたことや、泣き止まんあんたを抱いて、夜中じゅう一緒に起きていてくれたことやを。

覚えてへんやろ。いや、そんなんして親と一緒に居たことを、実感として受け取られへんやろ。

忘れてるんとは違うんや。そうした親の働きなんか知らんかったんや。

でもあんたはわからんかった、知らんかった親の働きが事実としてあったからこそ、今ここで生活できてんのやで。

ほとけさんも一緒や。

今懸命にわたしに働きづめに働いていてくれてはんのやけど、赤ん坊のわたしには何一つ実感としてわからへんのや。でもちゃんと働いてもろうていることは、間違いなく知るときがくる。

それはあんたが赤ん坊のとき親の働きは知らんかったけど、今、親になったあんたは十分知ってるやろ、自分がしていることやから。

ほとけさんの働きも一緒なんや。今はわからんけど、ほとけさんになったら、いやでもわかるんや。

ほとけさんというか、阿弥陀さんの一番の働きは、こんな私であればこそ、何とか同じほとけさんに仕上げてやろういうことやねん。そしてそれは阿弥陀さんからの一方的な働きであって、しかもいっぺん約束したら二度とその約束は破られることはないという強い約束なんや。

そうした阿弥陀さんの約束の中の日暮しなんやで、て教えてもらい、気付かせてもろうたわたしができることは、たった一つ、ナモアミダブツ、ナモアミダブツて念仏申させていただくことだけや。

でもな、この念仏はわたしから阿弥陀さんに向こうての一方通行ではないんや。口にした、あるいは胸の中で思うた念仏は、必ず自分に戻ってくるやろ。自分が口にし、自分が思うたことや、逃げることでけへんことや。つまりどんなことがあっても、必ず自分の耳に戻ってくるんや、自分の胸に聞こえてくるんや。

自分で言葉に出して言うてるけど、同時に聞かさせてもろうてる念仏でもあるんや。

阿弥陀さんと同じ働きをするほとけさんになるいうことは、間違いがないことなんや。お浄土へ往って生まれる、往生やな。これも絶対に間違いがないって、いっつも言うてくれてはんねん。

ご開山はそこんとこを、「念仏成仏これ真宗」いう言葉で教えてくれたはんのや。

さあ、後は『御文章《ごぶんしょう》』聞かせてもらおうな。

ショウニンイチリュウノゴカンケノオモムキハ……

アナカシコ、アナカシコ。


もう一つや。今度こそ最後や。リョウゲモンを一緒に唱えよ。その本の一番最後に載ってるやろ。『領解文』て。

モロモロノゾウギョウザッシュ……。

はい。ご苦労さんでしたな。

どんな気持ちや、言うてはなんやけど、あんまり悪いもんでもないやろ。折角の機会や、よう顔覚えといてや。街ですれ違うてんのにお互い知らん顔は、寂しいやろ。

ご院さんて大変やな。認識変えたわ。

ほう。何がどない変わったんや?

ずっと坐りっぱなしやんか。足痛いことないんか? わしは途中まで頑張ったけど、辛抱できんと、途中で失礼やけど、見えてへんやろ思うて胡坐かかしてもろた。

それでええのや。胡坐でもコロンと横になっててもええ。この場に居ることがまず第一や。わたしは坐るのが当たり前やから坐ってるだけで、痛いのんは皆と一緒や。ちょっと皆より長い間坐ってられるのは、慣れやな。辛抱できるのんは。それと要領や。うまいこと足崩してんねん。あんたに気付かれへんかっただけや。教えてくれいうても、これは簡単には教えられへんで、大切な企業秘密やからな。

それにな、いま途中まで頑張ったって言うたやろ。そこやねん。わたしが大事やなぁてしてるのは。いまも言うたように、坐ってんのは痛いんやで。そやけどわたしがちょっと辛抱してるだけで、あんたもちょっとは坐ってくれたやろ。言葉の遣り取りやない、このつながりが大事なんや。そやからこそ、わたしも辛抱のし甲斐があんねん。

それとな、さっき一緒にお経読んだやんか。「大きな声出し」て言われたけど、初めてお経の本見たし、なかなか声は出せへんかったけど、カナばっかり読んでたら言葉に詰まるいうんか、ゆっくり読んでもろたんやろけど、ついていきにくいねん。でも漢字を目で追うてたら、知らんまについていけたんや。

漢字はな、目で見てるだけでも、なんとなく意味がわかるもんやねん。もともとが象形文字いうて、物の形を真似て作られたからやろな。横のカナ読んでたら、字ばっかり追っかけんならんやろ。スピードもそうやけど、折角の意味もわからへんようになってしまう。勿体ないことや。

お勤めって歌や

もうちょっと聞きたいんやけどええやろか。ご院さんと初めてやのに。

ええよ。あんたとは初めてやけど、ここの阿弥陀さんとはずっと知り合いやし、かあちゃんとも馴染みやし、ちっとも遠慮いらんで。何が聞きたいんや?

ご院さんのお勤めの声やけど、だんだんに高《た》こうなっていくやろ。あれなんでやねん。わしの勝手な思いでは、クライマックス作ってんのかなって、考えてたんやけど。

感じてたか。油断ならんな。

最初のキミョウムリョウいうのんは、ピアノでいうたらハ調のレの音や。お経では壹越《いちこつ》いうねん。

そやけど、そんなん覚えんでもよろしい。

それより今こうして目の前のあんたとわたしと話ししてるやろ、この声の高さが大体壹越やねん。次にゼンドウドクミョウからはソの音で、双調《そうじょう》いうねん。そうやな、ちょっと離れたとこの人に呼びかけるときの声の高さかな。

そんで念仏に入るやろ。最初が今言うたレの音や。その次ちょっと上がったのがミで、

平調《ひょうじょう》いうねん。隣の部屋のかあちゃんに呼びかける声の高さやな。

一番高いのがラで、黄鐘《おうしき》ていう。そうやな五十メートルぐらい離れた人を呼んでるぐらいかな。そんな感じの声の高さや。

全体としては言う通り、段々に盛り上げていくいうことやな。今日は草譜《そうふ》いうお勤めやったけど、キミョウムリョウからずっと棒読みで、ゼンドウドクミョウから違うた節で唱える行譜《ぎょうふ》いう唱え方もあるねん。これはゼンドウからぜんぜん節が違うて、本堂で大勢の唱えてるのん聞いたら、ジーンとくるで。ほんまに綺麗な節や。教会の讃美歌みたいな声の響きがするんや。グレゴリオいうんかいな。いっぺん機会あったら本山行って行譜の日に会うてみ。全くお経の感じが変わるから。

大家にお経のことをムニャムニャや言うて叱られたんや。ムニャムニャ違ういうて。ようわかった。今日のご院さんのお勤め聞いて。

元気な蓮如さん

ついでいうたら悪いけど、仏壇の中に掛かってる両側の人やけど、右が確か親鸞いう人で、左がえーと、そうそう、蓮如いう人やったかいな。この二人ってどんな人なん？　それに、ほとけさんでもない、普通いうたらなんやけど、そんな特別な姿してはるわけでもないのに、何で前に掛かってて、阿弥陀さんと一緒に手合わせんならんの？

ご恩を忘れんためや。親鸞さんは浄土真宗を開いてくれはった。これはわかるわな。さっき話ししたとこや。左側の蓮如さんやけど、中興の祖いうて、本山いうかこの浄土真宗の今ある形を作ってくれはった大事な人なんや。親鸞さんから数えて八代目のご門主《もんしゅ》や。西や東に分かれる前のことや。さっき一緒に読んだ、『正信偈』と『和讃』いうて、親鸞さんが書かはった、かな交じりの詩を生活の中でお勤めするようにしてくれはったし、さっき、わたしが読んだ『御文章』や『領解文』なんかも書かはった人でもあるねん。

偉い人なんや。わざわざ掛かってるさかい、普通の人とは違うとは思うてたんや。そやけど、どっちもおんなじように偉い人やのに、なんで右、左に分けて掛けてあんのんや？

それは日本での人の絵の描き方なんや。順番いうんかな。決まってんにゃ。一枚に何人もの人を描くときは、左下から出発して、右に、次は左にとジグザグに上がっていくように描くんや。そやから親鸞さんに教えを受けられた蓮如さんは、必ず左側でないとあかんということや。

その順番で言うたら、親鸞さんのお師匠さんの法然さんは左側になるし、さらにその先のお師匠さんの聖徳太子さんは右側になるいうことかいな。

えらい先まで行ったけど、まあそういうことやな。そやけど聖徳太子さんと法然さんは、もうひとつ別の意味があって右、左が決まってんにゃ。

弥陀三尊の並びに倣ういうことや。ちょっと難しいかも知れへんし、別に覚えておかんならんこととは違うけどな。

真ん中に阿弥陀さんで、左が勢至菩薩さんで、右が観音菩薩さんて決まってんねん。

そんで親鸞さんは、聖徳太子さんは観音菩薩さんの化身やて崇めたはるし、法然さんは勢至菩薩さんの化身やて崇めたはる。そやさかいそれぞれの右、左は、自然に決まってしもうてんねん。

ここで言う右、左は、阿弥陀さんを中心にして、わたしから見てやで。

ふーん、まあええわ。そやけど絵に描かれて、いっつもわしらの目に触れてはるいうことは、やっぱし蓮如さんて偉い人やったんやな。

偉いにもいろんな意味があるやろうけど、蓮如さんは八十五歳で亡くなるまで二十七人の子どもをなさはった。もちろん奥さんは一人では不可能やし、生涯で五人迎えはったんや。誤解のないように言うとかんなんけど、次々、とっかえひっかえしていかはったんとは違うねんやで。結婚しはってしばらくするとお嫁さんが死んでしまはって、それで気がつかはったら五人やったいうことやねん。奥さん居はんのに次に心移りしていかはったんとは違ういうことだけは知っといてや。

それにしても、えらい元気な人やったんやな。二十七人か。一体最後の子どもさんは、何歳でなさはったんや？

　亡くなる八十五歳のときや。

へぇーっ。ほんまに凄い人やな。

何したらそんなに元気でいられるんやろ。

ご院さん、あんたなんか秘訣知ってるんやろ。知ってるんやったら教えたってぇな。他人に言うたらあかんことなら、死んでも言わへんし。こそっと教えてぇな。なぁ、頼むわ。わしもそんな元気、あやかりたい。

　そんなに知りたいか。どうしても知りたいか。誰にも言わんとけ言うたら黙ってられるか。どんなことされても大丈夫か。約束守れるやろうな。わたしも他の誰にも言うたことないねん。絶対他人には言わへんて約束やで。

教えてくれるんやな。他人には言わへん。約束する。約束する。ほれこの通りや。

しょうもないことしなさんな。わたしを拝んでどないすんねん。ほんなら約束を信じよう。ほんまに他人に言うたらあかんで。

それはな。

そんなに顔近づけんでよろしい。普通に喋るさかい、そのままでちゃんと聞こえる。

まず食べもんやな。野菜中心、というかほとんど野菜だけ。肉や魚は一年に何度か程度。

それを腹八分目。

酒も時々だけ。酔っ払うのは年に一度あったらええほう。

朝はお日さんと一緒に起きる。夜はお日さんが沈んだら寝る。

大きな声でお勤めを毎日欠かさずする。腹の底から声出すねんやで。

乗り物には一切乗らない。どんな遠いとこへでも歩いて行く。靴は履かない。下駄か草履かわらじ。それも裸足で。冬であっても厚着しない。

これを生まれたときから続けたら、蓮如さんに近い元気な毎日と違うかな。

そんなんできるわけ、ないやん。今の時代、不可能やん。
わしが今から言われたことをたとえできたとして、ほんまにそれらが効果出るころは、わしはもう役立たずになってるわ。
今からでも役に立つことってないんかいな。頼むわ。なんかあるやろ、教えてぇな。

なんか勘違いしてへんか。わたしは薬局のおっさん違うで。あんたの言うてることは、どっかの薬局で聞いたらええことや。
わたしが言うたんは蓮如さんのことや。できひんことなんやから、もうそんなん忘れてしまい。
蓮如さんいうたらな、この大阪の街にとっても大事な人なんやで。

なんででんの。この前、大家と御堂筋の話ししたけど、その御堂筋のことか?

まぁ、関連がないこともないな。

大阪の街は本願寺さんの寺内町、本願寺の門前町として発展したんや。その発端を作らはったんが蓮如さんなんや。

今、大阪城があるやろ。あそこは元本願寺さんやったんや。石山いう地名やってな。ごっついお寺やったんやそうな。

滋賀県の瀬田川の横にある石山寺とは違うで。あっちは紫式部で有名や。今言うてる石山の本願寺は、蓮如さんが死なはるちょっと前に、自分の別荘みたいな思いで建てはったんやけど、死なはって百年近くなって、そのときの本願寺に織田信長がいちゃもんつけてきて、喧嘩になったんや。

十年間戦うたんや。飛ぶ鳥も落とすいう勢いのあった織田信長とやで。とうとう決着つかんで、天皇さんに間に入ってもろうて、本願寺が退去したんや。

まあ、形として負けた格好を取ったいうことやな。

蓮如さん死なはって、居はらへんようになったけど、後から本願寺さんの周りにどんどん人が集まるようになって、今の大阪の基礎ができたんや。そやから物作るいう人より、お参りの人相手に物商う人が中心やったんやな。そんで大阪のこと商都て言うんや。

そうやったんかいな。そんなら大阪は蓮如さんにえらい世話になってんにゃな。知らんかったな。今日はえらいようけ勉強させてもろうたな。

仏壇はさっぱり

もう一つ聞いてもええか。

仏壇掃除したとき、気になったんやけど、触ったらあかん思うてそのままにしといたもんがあんねん。

ご院さんも何にも言わへんからええんかいなて、ちょっと聞きずらかったんやけど、仏壇の中に、おじいちゃんとおばあちゃんのほとけさんの名前書いた板があるやろ、それに親父とお袋のんも。それから親父とお袋の写真も入ってるやん。町内から暮れにもろた神社のお札もあるやろ。

こんな狭い仏壇がごちゃごちゃになっとってええんかいなて思うてな。でもどうしたらええんかわからへんし、聞いてみたんや。

よう言うてくれた。わたしも気になっとんたんや。えらい賑やかやなって。

よかったら全部外に出し。ほとけさんの名前いうのんは、法名言うねん。戒名とは違うで。間違うたらあかんよ。覚えときや、浄土真宗は法名言うんやで。ほとけさんの名前は。

それらは忘れんように一枚の掛け軸にまとめて書いて、仏壇のこの横に掛けといたらええねん。

こんな位牌の形したもんは必要ないねん。まず場所とって大変やろ。それに法名は拝む対象とは違うんや。写真もそうやで。思い出の記録みたいなもんやんか。

たしかに先逝った人の縁があって初めて、阿弥陀さんに手合わせることができたいうことはあるけれども、そやからいうて、その人の法名や写真に手を合わせるいうこととは意味が違うねん。

お札かて一緒や。この今のお札がどんな意味を持ったもんか知らんけど、仏壇に入れて、阿弥陀さんと一緒に拝むもんではないわな。

神さんもびっくりしはんで。手合わせてナンマンダブツ言われたら。おれは一体何者やったやろうかって。

法名の書かれた板も、写真も、お札も全部、仏壇から出してしまいなはれ。その法名の板は、わたしが預かって帰ろ。お寺でちゃんと始末しといたげる。粗末には扱わへんから安心しなはれ。

それにあんたが今度仏壇屋に行くことがあったら、法名書く掛け軸を買うてきいな。わたしが書いたげるから。そうやな、大きさは、ここの仏壇はちょっと大きいさかい、七十代て言うたら仏壇屋はわかるわ。何も仏壇屋さんに限らへんで。表具屋さんに行くことがあるんなら、そのほうがもっと確実やけどな。

何にも書いてない掛け軸を持ってきなさい。書いたげるさかい。

写真は居間か食堂か、家族みんながよう集まる部屋に置いといたほうがええのん違うか。お札もお寺に預かろう。あっても始末に困るやろ。

ともかく仏壇には、要らんもんは一切置かんことや。

こうしてみんな退けてみたらどや。仏壇が広々したやろがな。阿弥陀さんも、ご開山も、蓮如さんもすっきりしはったやろ。

ほんまやな。これで清々したわ。厚かましいけど、もう一つ聞いてもええか。

今日はまだちょっと時間があるし、それにあんたと会えるのも、次いうたって何時のことになるかわからへんもんな。何なり遠慮せんと聞いて。

報恩講って誰がつけたん？

大家に聞いて一応はわかったんやけど、この報恩講て親鸞さんの命日に向かってみんなでする大切なお勤めやいうことやけど、そんならなんで命日参りて言わんと、わざわざ報恩講なんて難しい名前で言うねん？

そう言われたらそうやな。親鸞さんの命日参りでええはずやな。

ところがそう言わんと、わざわざ報恩講て言うのはちゃんとしたわけがあるんや。

親鸞さんから数えて三代目の門主の、覚如いう人が親鸞さんの三十三回忌を勤めはるときに、「報恩講私記」いうのんを書き表さはったんや。お寺でも、本山でも報恩講のお勤めのときは、今でも厳重に勤まるお勤めや。その「報恩講私記」の報恩講をとったんや。

「報恩講私記」のお勤めは長いし、全部漢文やし、お参りしてる人にはちょっとしんどいお勤めやけど、大事なお勤めやさかいに、もう親鸞さんの七百五十回もの命日を迎えてるのに、いまだに厳重に勤まってるんや。

そうや、今度、とうちゃんがお寺の報恩講さんにお参りにおいで。

「報恩講私記」が聞ける。ただ「嘆徳文」いうのんも一緒に勤まるさかい、時間がもっとかかるな。そんでもええ機会や。そのうちだんだんとそれらの意味もわかってくるようになるし。

ええっ、わしがお寺に参りに行くてかいな。それは大変なことやぜ。仏壇の前さえ坐るのが今やっとやのに。そんときにならな何ともよう言わんけど、まあ、あんまり期待はせんといて。

表書き

ところでもう一つ聞きたいことがあんねん、かまへんんか。

ご院さんにお礼するときの袋の表に、なんて書いたらええのんかいうことやねん。お布施やったり、お礼やったり、ご法礼やったり、上て書いてあったり、どれが本当で、何時どれがええのんかわからんねん。

原則、お寺さんには、お布施て書いとくのが一番間違いない。お葬式であろうと、結婚式であろうと、お寺さんに出すお礼はなんであろうと布施、と覚えといたら間違いない。

また決してそう書いたからいうて、失礼にあたらへん。

そうやな、もしどうしても表書きを別にしたいのなら、お勤めに対しては布施、お話しに対しては御法礼と、違えてもええよ。

ともかく差し出すあんたの心なんやから、見返りを求めてるもんとは違うはずや。

御礼いうのんは、何かをしてもろうたからするもんやろ。それになんかの見返りやと、必ずそのしてもろうたことに対しての対価になるやんか。

布施いうのんは、対価とは違うねん。そのときのあんたにとって最上の心の現れを示すことや。
お寺さんはお釈迦さんの最上の言葉を、お経として伝えてくれはったんやから、お布施いうのんは何もお金に限ったことやないんやよ。

取れたての魚でもええし、大根でもええし、お米でもええ。また品物でのうても、体を使うたことでもええねん。境内の草取りや、本堂の掃除なんかでも立派なお布施や。

今は最上の心の現れいうたら、お金がわかりやすいし、簡単やからお金になってるけど、ちょっと前までは農家の人やらは、ほとんどがお米やったんやで。お布施いうたら。

今でも手作りの綺麗な布で縫うた、お寺のお米専用の袋を持って来はる人もあるぐらいや。

忘れたらあかん「敬い」

もう一つあんねんけどええやろか。もうここまできたら、ご院さんも覚悟きめてもらわんならんな。

何でお勤めするときお経の本すぐに開かんと、いっぺん大層に顔の前持ってきて頂いたり、痛いて言うてるのんに、きちんと坐り続けてお勤めしてるねん？

それは一言で言うたら敬いの姿やねん。

自分と違う世界、知らん世界を知ってはる人に対して、そのご苦労に頭下がるやろ。頭下げんでも、偉いなって感じるやろ。

わたしは、わたしの周りの人全部が私にとって先生や。それこそ今にも死にかけそうな人でも、今生まれてすぐの赤ちゃんでも、わたしにとっては大切な先生やねん。

そうやんか。わたしがどんだけ例えば勉強したところで、どんだけいろんな努力したところで、その人と同じ人生は歩かれへんのやから。それに、その人になり変わることは絶対できひんやろ。

一人ひとりがわたしの知らん道を歩いたはんのんやから、教えてもらうことしかないねん。

そんなん思うたら、自然と頭が下がってしまうやん。

阿弥陀さんの前でも同じや。

難しい言葉やけど、これが儀礼いうんやろ。

儀礼いうたら難しいかも知れんけど、中身は敬いや。それしかないねん。出発点も終着点も、敬いだけやねん。

お経の本を頂くのも、頭下げるのんも、正坐してるのんも、お坊さんの姿いうのんは、何から何までその基礎いうか出発点は、敬いやねん。

傍から見たらなんか恰好ばっかりの、辛気臭いことしてんな、て見えるかも知れへんけど、そうせんならん必然性があってしてるいうことや。

この辛気臭いことが、ほんとに辛気臭いて思うようになったらもう終わりやな。

大げさに言うたら、人間の生き方の基本違うかな。敬いの気持ちを持つことって。

儀礼が疎かにされるようになったら、生活そのものがぐちゃぐちゃになってしまうん違うかな。

あんたかて他所の家入るときは、「こんにちは」言うて入るやろ。黙って入ることなんてまずせえへんやろ。それは礼儀て言うかも知れんけど、やっぱり相手の人に対して、意識してへんでも敬いがあるから、「こんにちは」て言うんやんか。そんな気持ちなかったらわざわざ言わへんやろ、「こんにちは」て。

どんなに気心の知れた友達の家でも、おい、ぐらいは言うて家に入るやろ、黙ってそーっと入ることはせえへんはな。そんなんしてみ。入られた家の人は、びっくりするやろし、場合によったら警察呼ばれて大騒ぎになるで。

相手が偉い人やからとかでもないんや。そんなんが基準とは違う。社会的な評判とかに対してとは違うことやねん、敬いの心持ちいうのんは。

あんたかてかあちゃんに、かかあ、かかあて口では偉そうに言うてるけど、実際のとこ頭あがらへんこと、なんぼでもあるやろ。そんなとき口では言わへんけど、すまんなとか、偉いなとか、かんにんなとか感じてることあるやろ。それなかったらいうか、ないようになったら、もう二人の共同生活できひんわな。

儀礼の基本てそんなとこやで。

本頂戴すんのも、頭下げんのも、ろうそくの火消すのんに口で吹き消さへんとか、念珠は必ず両手に掛けるとか、正坐を崩さへんとか。

今日はなんかいっぺんに仰山聞いてしもうて。えらいすんませんな。それに時間もとってしもうて。

気にせんときなさい。一年にいっぺんのことやし。できることなら、毎月あんたのお父さんの命日に来てるさかい、またわからんこと、聞きたいことあったらそんときまで待っててくれたらええねん。

× × ×

報恩講勤めたで。

かあちゃんと二人だけやったけど、久しぶりに子どものころ思い出したわ。お袋が神妙に坐ってる横で、真似して坐ってたん思い出した。きっとお袋はお勤めの間、居眠りしとったんやろな。なんかそんな感じやったな、いま思い出したら。そうでなかったらあんなに大人しいしてるお袋て、普段見たことなかったもん。いっつも体動いてるか、口動いてるか、ちょっとでもじっとしてるお袋て見たことなかった。それがお寺さんの前であんなに静かにしてたんは、居眠りしてるしか考えられへん。

お袋さんのことはもうわかった。それにしてもお前もええことしたんやな。考えられへんかったな、お前が報恩講さんにお参りするやなんて。仏壇の掃除頼んだかあちゃんに感謝せなあかんな。そんでどうやった。ご院さんともなんか話ししたんかいな。わしにもいろんなこと聞いてたからな。

そらいっぱい聞いたで。大家では答えられへんことやろうな。

当たり前やないか。いくらわしがよう物知ってるように思われてても、ご院さんにはかなわんわいな。家の造作のこととか、盆栽ならそこそこええ勝負するやろけど、信心のことはかなうはずないやんか。そんなこと当たり前すぎるほど当たり前のことや。

そうでもないぜ。わしの見たところ、大家もええとこいってるで。さすがやなって、陰ながら感動しとったんや。

お前にそんなん言われると、こそばゆいな。背中がもぞもぞしてくるわ。

それで知りたいことは大体聞けたんか。

わしにしたらやっぱし急なことやったんで、何がわからんのかもわからんいうとこがあったな。もうちょっと普段から仏壇の前に坐っとったら、何がわからんかもわかったやろうけどな。

それがわかっただけでもええやんか。普通は、その自分がわからんことすらわからへんのやから。

「信心」てなんだんねん

ご院さん、えらいすんまへんな。せっかく休んではるのに、のこのこお寺まで押しかけて。

かまへん、かまへん。それよりようこそ来てくれた。わたしも今さっき帰ったとこや。今日はもう何処へも出て行かへんから、大丈夫、時間はたっぷりある。そういうても電話一本入ったら、あんたをほっといてとんで行かんならんけどな。

大変やな。ご院さんも。

そんなん、もう慣れたからどうてことないけど、慣れるまではちょっとしんどかったな。正直言うて。自分の時間て何処にあんねん、て思うたことはある。そやけど今はもうこれが当たり前やて思うようになってしもうた。待っててくれる人がいはる思うたら、わがままは言われへん。

そんなもんかな。

この前、家の報恩講さんのときは、本当にいっぺんに、初めてやのに、いっぱい聞いてしもうてすんませんでしたな。だいぶいろんなわからんかったことがわかったわ。今日来たんは、もうちょっと親鸞さんのこと教えてもらおうと思うて来たんや。

なんかもう一つわからへん。どう言うたらええのんか、念仏てなんなのかがわからへん。

信心てなんなのかがわからへん。

理屈でわかるもんやないいうのんは、わかるねん。

そんならどうしたらええのんかがわからん。他力いうのんはこの前聞いた通りで、どこまでいっても自分の計らいごとやない、いうのんは理屈ではわかったんやけど、今度は感じで受け取れへんのんや。

自分で意識してないのに、なんでわかることができるねんやろ。それがわからんのや。そやからそれが他力や言うんやろ。そこんとこもなんとなくわかるねん。そこのとこをどうしたら感じ取れるのんかがわからん。

それともう一つは、信じたらどうなるんかいうことや。

たしか親鸞さんも、飛び上がるほどの喜びは感じたことないて言うたはるいうのん、どっかで聞いたことあんねんやん。

ほんならわしは、どう信ずることを受け取ったらええのんかなんや。

この受け取り方も、理屈や言わんといてや。

そうは言うけど、やっぱりその受け取り方は、理屈やな。

報恩講さんのときにあんたの家で言うた通り、阿弥陀さんの働きって実際は目に見えてることやねん。ただ実感がないだけなんや。実感がないからわかってへんのや。子が親を殺めたり、親が子を傷めたりすんのはそこなんや。

そこんとこをお釈迦さんは史実に基づいてはいるけど、王子さんが王さんとそのお后さん、つまり両親を殺めるいう話、王舎城の悲劇いうんやけど『仏説観無量寿経』いうお経の冒頭部分で、わざわざ示してくれてはるんや。

三千年前から、人間てちょっとも変わってへんことの証明みたいなもんや。そのころから理由はともかく、子の親殺しがあったいうことや。そしてその事実をお経に表したはるとこが凄いことなんやて、思わへんか。

人間のどうにもならん、逃げ場のない生き方しかできひんことをはっきり示してくれたはるんや。今度、そこをぜひ一緒に勤めよう。ものすごうわかりやすい文章になってる。

お釈迦さんはそこで、どうにもならん人間の生き様を示してくれたはる。親鸞さんはそのお釈迦さんの苦しみをそっくり受けはって、自分をどうにも救いようのない人間なんやいうとこに、まずしっかり自分を据えて見つめはったんや。そのどうにもならん自分を見つめることが、すべての出発点やねん。親鸞いう名前の前に、愚禿とつけはったいわれでもあるんやな。

　自分が立っている場所をしっかり知るいうことや。禿いうのんはまたちょっと意味が違うけど、愚いうのんはそこや。なかなか自分で自分を本当に愚とは言われへんもんやで。恥じらいとか、格好つけてとかでは言えるやろうけどどな。本気で心底自分をそう見つめることは、できることやない。

　自分への厳しさいうんかな。絶対許されへん自分の姿をじっと見るいうことや。親鸞さんはこの立場が、頑として揺るがはらへんかったんや。

　阿弥陀さんの前では、絶対無力やいうこと。

　そやからその阿弥陀さんに、全部任せますいうのんで、ナモアミダブツやねん。念仏やねん。

　他に要らん意味はつけんでええねん。

　どうにも動きの取れんわたしやからこそ、懸命に救《す》こうたるぞて、働きづめに働いてくれてはる阿弥陀さんに任せるしかないねん。

でも、やっぱり人情として阿弥陀さんの働き、実感として知りたい気持ちはようわかる。そやから声に出して、ナモアミダブツと唱えるのやんか。ちょっと声に出して言うてみ。ナンマンダブツって。恥ずかしいことなんかないやん。大きな声でのうてもええから、ちょっと言うてみいな。恥ずかしがらんでええて。わたししか居いひんやんか。あとは阿弥陀さんだけや、聞いてはんのんは。

そうや。

言うてしもたらどうてことないやろ。別に恥ずかしいことなんか何にもないやろ。そんなもんなんやて。実際になんかやってみるまでは、こんなん言うたらどんなんに思われるやろうかとか、他人がなんか言わへんやろかとか、いろんないらんこと考えるけど、実際にやってみたら別にどうてことないもんなんや。

どんな気分や。

なんか不思議な感じせえへんか。でも悪い気はせえへんやろ。

さあ、そこでや。阿弥陀さんの働きが、あんたに実感として受け取れるかどうかいうことや。

今、ナンマンダブツ言うたやろ。自分の口で言うたやろ。その声、自分の声やから、聞こえたやろ。

声に出さんでも、胸の中で思うただけやとしても、その思いは自分の胸に響くやろ。自分の声や、思いからは逃げ出せへんやろ。

自分で言うてるけど、聴かせてもろうてる念仏なんや。

自分で出してる声やけど、阿弥陀さんの呼びかけの声でもあるんや。

間違いないで、約束したで。お浄土への往生、成仏間違いないよ、と。


へぇ、念仏て言いっ放し違うんかいな。言われてみればそれもそうやな。この前、家の報恩講のときもおんなじこと聞いたような気がすんにゃけど、そんなに日も経ってへんのにもう忘れてしもうてんやな。

そらそうや、自分で言うてんにゃから間違いなく聞こえるわな。そうか、言うてることが、聴かせてもろうてることなんか。

お坊さんが、よう聴け聴け言うんは、このことかいな。


阿弥陀さんにしっかり抱かれていることに、ありがとうて言うたお礼が、そのまんま阿弥陀さんが、救うぞいう呼びかけてくれたはる声でもあるねん。

病気が治るとか、試験に受かるようにとかの場合は、こちらから向こうへの一方通行やねん。なんかした拍子に、それこそ宝くじに当たるぐらいの確率で、返事が来ることがあるかも知れへん。頼みごとてせいぜいそんなもんや。そやから念仏は、願いごとや頼みごとのためのものとは、違ういうことやねん。

いっつも阿弥陀さんに抱かれているいうことを信ずることやな。とことん信ずることやな。そやから親鸞さんは、煩悩具足と信知して、とか、いづれの行も及び難き身なれば、地獄は一定すみかぞかし、とか言うたはんねん。でもこれは阿弥陀さんが見捨てたはるいうこととは違うねんで。逆や。地獄に堕ちたとしても、横に阿弥陀さんはちゃんとついていてくれはるいうことや。いっぺん念仏の縁に会うたからには、どんなことがあっても見捨てはらへんいうことや。

何処にいても、どんなことがあっても一人ぼっちやない、いうことやねん。

またいっぺんでも念仏を口にしたら、間違いなく阿弥陀さんと同じ働きをするほとけさんになるいう約束を、阿弥陀さんがしてくれたはるいうことやねん。人間の約束やったら条件があったら変更もあることやけど、阿弥陀さんの約束は変更が一切ないねん。

死に様、死に場所

お久しぶりです。この間は急にお寺飛び出して、えらい勝手なことしてすんませんでした。

そうやで。びっくりしたで。突然立ち上がったか思うたら、すたすたと、ものも言わんと、お寺飛び出して行くんやもん。よっぽど気に障ることでも言うたんかいな思うて、話したこと振り返ってみたけど、思い当たることもないし。どないしたらええんやろ、家へ訪ねて行こうか、いつ訪ねようか、あんたのかあちゃんに連絡しょうか、いろいろ思い悩んだんや。

ようこそ訪ねてくれた。安堵したで。

心配かけましたな。別にご院さんの話が気に障ったわけやないんや。逆なんやわ。思いもかけん話で、頭がこんがらがってしもうて、わけわからんようになったんや。ショックやった。何がショックて、わしが地獄堕ちても、阿弥陀さんはついていてくれはるいうことが。

そしたらなんか知らんけど、ちっちゃいころを思い出したんや。

えらい怒られて泣きじゃくってるわしがぽつんと居るんや。諸手裸足で、大声上げて泣いとんねん。

そしてちょっとずつ泣き止んでいくときのこと、ご院さん覚えてるか。ヒックヒックって泣きじゃくりながらやけど、自然と笑えてくるし、胸の中がスーとして、だんだん軽うなってきたこと覚えてへんか。

急にそのときのことが思い出されたら、いてもたってても居られへんようになったんや。

阿弥陀さんて、そんなにわしのためにでも、一生懸命になってくれてはんのかて知ったら。


そうか。それ聞いて、わたしもなんか胸がスーとしてきた。

おおきに。ようこそ、そんな風に聞いてくれたな。ほんとにおおきに。


今日来たんは、もう一つ気になることがあんねん。

なんかいうたら、ご院さんも知ったはるように近ごろ、孤独死いうんか孤立死たらいうハイカラな言葉で言われてることでんねん。

そのことなら知ってるていうか、新聞やテレビで喧しい言うとるし、気になってたんや。

そのことがどうしたん？

今日明日いうこととは違うんやけど、わしとこもいずれは息子らに今の家渡すか、息子らが出て行きよるかどっちかやねん。どっちにしてもわしらの家族も今のままいうわけにはいかんのんや。そら息子らがかいしょできて、今の場所で立て直してくれたらそんな心配はせんでええけど、何十年も待たんならんことやんか。

わしか、かかあかどっちかが、いずれは一人になって生活続けんならんいうことや。

えらい殊勝なこと言うな。せやけど、それってずっと先のことやんか。そんな先のこと、今から心配せんでもええやんか。

それは言われんでもわかってる。無理したら一緒に住めんことはない。

でもな、結婚しよって子の二、三人もできたらやっぱし考えんならんことや。

わしが気になんのんは、わし自身のこともそうやけど、今の新聞やテレビで言うとることが気になんねん。

なんかええ手立てがないんかいな、思うてな。あんなして死んでいかはる人に。

そうやな、わしも考えんでもないんや。ワイドショーやらでなんか仰山に言うとるしな。わしに言わせたら、そもそも人の死いうんは、ひとりぼっちのものなんや。手つないで一緒に行こういうのんとは全く違うもんや。

死いうんは、絶対に一人の問題なんや。代わってもらうこともできひん。

死という現れは、孤独そのものなんや。

周りの世話になるのん嫌やいうて、葬式せえへんいうのんも、言うたら孤独死やし、文字通り孤立死やわな。

そう見たら、なんであんなに大騒ぎして、お節介の限りを話しおうてんのか、ようわからんな。

とはいうものの、ああして大騒ぎするいうことは、まだ世の中はまんざらでもないいうことや。お節介しいが居るいうことは、人と人とのつながりがまだ大切やいうことが生きてるいうことや。葬式はいややいうのんと、逆の流れやな。

その流れは大事なことや。その中でいうたら、テレビや新聞に不満がある。なんかていうたら、全部共通して言うとることは、近所や行政の関わりが問題やいうことで終わってることや。全部他人任せなんやんか。言うてることが。役所が悪い、社会が悪い、て言うばっかしや。そして誰かを槍玉に挙げて、それで終わりや。

違うやろ、もっと他にええ手立てがあるはずや、なんでもっと智恵出ぇへんのんかいないうことや。

孤独死を防ぐ、ええ手立てがあるやんか。

なにか、てか?

月忌参りいうんか、月参り、命日参りや。

これをきちんとしたらええねん。

誰でも、両親やその先の人の命日てあるはずやろ。わしがあんたとこに毎月お参りに行ってるやろ。そのことや。

わしは仏間まで平気で入って行くし、あんたのかあちゃんもわしなら挨拶だけして入って行っても、何の不思議なそぶりも見せへん。当たり前のことにしてる。

マンションやから仏壇が置かれへんとかいうけど、なんにも仏壇がのうても、阿弥陀さんさえおられたらええのんやから、そんなん言い訳にならへん。

ぼんさんが毎月決まった日にその家を訪ねるいうことは、その家の人を独りぼっちにさせへんいうことや。座布団の一枚も準備しはるやろし、都合悪いなら都合悪いてお互いが連絡をするやろうし、ぼんさんなら、その姿でマンションの階段歩いていても、周りの人も何の人かすぐわかる。

何でこんなにええ仕組みがあるのんをほってあんのんかな。行政や、町内会や、隣近所いうのんもそら大切やけど、もっとぼんさんを上手いことつこうたらええのに。

一人ぼっちで住んではる人の話し相手みたいなんは、やっぱしぼんさんが一番ええでそない思わへんか。役所の人よりは。

それに、この門徒さんの家を一軒ずつお参りに行くいうのんは、真宗の一番の特色やったんや。真宗なればこその、お寺と門徒さんとのつながりの深さの現れやったんや。そやさかいに、いまだに大切にその仕組みが続いてるんや。

言われてみたらそうやな。あんまりに当たり前のことやし気づかへんかったけど、そら、役所から来ました、て言われるより、お参りに来たぜ、て言われるほうが気が楽やわ。ご院さん、そんならわしらのことは最後までたのんまっせ。

ご馳走

ついで言うたらなんやけど、聞きたいことがまだあんねんけどかまへんかな。

おお、お。なんでも聞いてて言うてるやろ。答えられへんことはしょうがないけど、そんときはまた勉強するし。そんで、なんやねんな、その聞きたいいうことは。

いや、うちで報恩講したやろ。そんでご院さんが帰らはってからやけど、晩飯にかかあが、今晩は報恩講のご馳走やいうて、珍しいお膳にのせてわしの前に出しよったんですわ。

それはそれは、さすがお前んとこの嫁さんやな。ようできてるやんか。今どき滅多にないぜ。報恩講のご馳走作ってくれるとこなんか。

わしも小さいころに、わしのお袋がたしか報恩講さんやいうて、お膳にご馳走並べてくれたことは、なんとなく覚えてはいたんやけど、もうずいぶんと昔のことやし。すっかりそんなこと忘れてたんや。

そら、ご院さんは毎年来てくれはったんやけど、わしがお参りしたんはそれこそ、所帯もってからは初めてぐらいやもんな、この間が。そやからお膳があることすら忘れとったんや。

それで聞きたいことてなんやねんな。そんなお膳のことなんか？　お膳の造りやなんかやったら、わしにはわからんな。

お膳はお膳やけど、造りとかそんなこととは違ごうて、その中身のことでんねん。わからんのんは。

食べるご馳走の中身のことかいな。そんなんわしにもわかるやら、わからんやら。食うたらどうやったん。うまかったんやろ。お前んとこのかあちゃん、料理上手そうやしな。来年はわしもご馳走になりたいわ。

うまかったよ。うまいことはうまかったんやけど、あの野菜、なんでみんな炊いたり、酢のもんにしてあったりのもんばっかしなん？　小芋にしても、大根にしても、南京やごんぼにしても全部炊いたもん、煮付けいうんか、それか生で酢に漬かったんばっかしやねん。天ぷらとかなんでないんかな。普通、精進いうたら天ぷらもついてんのに。わし、あの野菜の天ぷら大好きやねん。なんで家の報恩講のご馳走に天ぷらついてへんのんか、どうしても合点がいかん。なあ、ご院さんなら知ってるやろ。教えてぇな。天ぷらついてへんわけ。

ああそんなことかいな。それはな、コロモをぼんさんにつけてしもたからや。

「お坊さんと色」

おっ、やっさん。えらい格好して、どこ行ってきたんや。しかもこんな昼日中に。

おー、さだやん。えらいやつに見つかってしもたな。そやからこんな時間に、こんな格好して町内歩くのいややてかあちゃんに言うたのに。そんなん、なに言うてますのん、悪いことしたわけじゃなし、堂々としたはったらよろしいんです、て言いよるさかいこのまま歩いたんやけど、やっぱり心配した通りや。

お寺の帰りや。見たらわかるやろ。こんな輪袈裟かけてるやんか。こんな格好でほかにどこ行けるねん。わからんか。

いやー。お前のことやし、またほうけて輪袈裟かけたまんま公園で日向ぼっこでもしてたんかと思うてたんや。

そらそやわな。その格好ならお寺が当たり前やな。そやけどなんでお前がお寺やねん。一番似合わへんとこやんか。そうやろ。

それにやな、普通、お寺出たら輪袈裟仕舞うやろ。道でそんな格好して歩かへんで、普通は。そこんとこがやっさんのちょっと違うとこやな。

そんで。お寺に何あったんや？

いやな、先代のご院さんの法事があってな。かあちゃんが行かれへんから、わしに代わりに行ってくれ言いよるさかい行ったその帰りや。

そりゃご苦労さんなことで。ところでお前とこの宗派は何やねん。

たしか浄土真宗のお西とか言うとったな。

ああ、念仏か。

それがどないしたん。

べつにどないもしいへんけど、おれんとこは宗旨がそれやったら違うさかい。そんで、お寺の法事て、一体どんなことすんねん？

どんなことというても、お経があってお話があってそれだけのことや。

お坊さんは仰山来てはったか。

普段見かけん顔やったけど、あれで十人ぐらいは居はったんかな。

ほう、たいそうな数やんか。

なんか親戚のお坊さんも居はったみたいやで。

そらそうやろ。法事やもん、親戚は必ず居はるわいな。居はって当たり前や。十人も居はったら、お勤めも賑やかなことやったやろうな。

みんな大きな声出さはるし、それにわしらにも本持たさはって、一緒にお勤めしましょういうことやったから、お御堂の中わんわん言うてた。

それに綺麗やったで。

何が？　お寺の法事で何が綺麗やったん？

何がて、お前わからんか。さだやんはお寺の法事に参ったことないんか。

そら何回も参ったことはあるわいな。

そんなら綺麗て言うのんわかるやろうな。

ほとけさんか。

違うな。

ほとけさんの周りのお飾りか。

それもたしかに綺麗やったな。違うねん。もっとほかにあるやろ。綺麗なもん。

ほとけさんとも、ほとけさんの周りのもんとも違ういうたら何かな。

わからんか。わからんか。この町内一の物知りや言われてるさだやんがわからんか。お寺さんの法事で綺麗なもんがあるいうことが。そうか。わかりませんか。

なんやねん。その意味ありげな笑い顔は。気色悪いな。あっ、そうか。

わかったか。さすが何でも知ってるさだやんや。

慌てなはんな。ただ、あっ、そうかて言うただけやんか。めったにお寺に行かへんお前が綺麗て言うのやから、そうか極彩色の欄間か。

えっ、欄間て何？　そんなんどこにあったん？

そうか。やっさんには欄間てわからんか。ほれ、お御堂にお参りしたら、一段高こうなってお坊さんがお勤めしたはる場所と、やっさんらがお参りしてる場所との間にちょっとこう敷居みたいなんがあって、その天井のほうに、なんか彫りもんしたもんが掛かってたやろ。お寺によったら花であったり、天女であったり、さまざまやけど、綺麗に色づけされたんがあったやろ。

さぁ、見いひんかったわ。そんなん気もつかんかった。もっとよういろんなもん見とくんやったな。

衣と袈裟

でも、わしの言うてんのんは、もっと他のことやねん。
わからへんか。お坊さんの着てはるもんや。

衣のことかいな。

そうや。その衣やんか。

その衣が何でそんなに感心するほどなんや?

だってそうやんか。わし、今までぼんさんの衣て黒しかあらへんと思うてたんや。
それがやで、こんどお寺の法事行ってやな、びっくりしたんや。十人のお寺さんみんな、
衣の色が違うねん。赤っぽいのんから、黄色、茶色、ほんまに色とりどりや。
なんであんなにいろんな色の衣着てはんのかな。

お前わかるか。

そうやな。考えられるこというたら、位かな。ほれ、あるやんか。大僧正とか、何とかの位やとか、お前かてそれぐらいは聞いたことあるやろ。何十年修行しはって貰わはったとかって。いろんな色があるのんは、それやで、きっと。

わしもそう思うたんや。そんでな、あんまり普段話したことないご院さんやし、だいぶ話しにくかったんやけど、えーい、て思い切って聞いたったんや。

× × ×

ご院さん、初めてお話しすんにゃけど、ちょっと教えとくんなはれな。

今日初めてお寺さんにお参りしたんや。何もかもわからんことばっかしやったけど、あのお勤めしたはるぼんさんが、何でいろんな色の衣着たはんのですか。

あんたがやっさんか。よう参ってくれたな。

かあちゃんからは聞いてたんや。都合悪いし、先代には大変お世話になったし、何とかそのご法事にはお参りしたいんですが、どうにも体が空きません。それでうちの人に参ってもらいますんで、何卒よろしゅう、て言うてた。

たしかに家ででも会うたことないし、今日が初めてやな。これこそ先代とあんたのおかあちゃんの引き合わせや。

よかった。よかった。

ところで、なんでいろんな衣の色があるんや、いうことやったな。

初めて会うたのに、挨拶も抜きでえらい尋ねやな。

やっさんは、ぼんさんて何色の衣を着ているのが当たり前や思うてたん？

あっ、ごめんな。つい気安うやっさん、て呼んでるけど、なんか改まって竹内さんいうのも仰々しいし、やっさんでは失礼か。

やっさんで結構です。

そんなん竹内さんなんて呼ばれたら、役所の窓口か、病院行ってるみたいや。気色悪いわ。

特にご院さんや。やっさんでもありがたいぐらいです。やす、でも結構です。

まあそんならこれからも長い付き合いになるんやから、やっさんて呼ばしてもらうわ。

それでやっさんは、ぼんさんは何色の衣を着ているもんやて思うてたん?

そうでんねん。さっきも言うたけど、あんまりいろんな色があるしびっくりしたんや。

わしは何でか知らんけど、ぼんさんの着るもんいうたら黒しかないて思うてたんや。

そうか。ぼんさんの着るもんは、黒だけやと思うてたんやな。

そうやろな。やっさんの言うこと、もっともやな。

街歩いたはるのは、みんな黒やもんな。

そうでっしゃろ。それがお御堂の中でもそのまんまかなて思うてたら、みんなちゃんと着替えはるんや。それもいろんな色に。

そうやねん。中で着替えはるんや。外でのすがたは、布袍《ふほう》いうてな、まあ普段着なんや。

本堂の中では改まった格好、いうとこやな。

中でのすがたが、衣なんや。

布袍いうのんも衣に違いはないんやけど、改まった格好やないいうことや。

一体、どれぐらい色の種類おまんねん？

水色っぽいのんから、赤紫っぽいのんまで八種類と、真っ黒の黒衣いうのんまで全部で九種類かな。

そんなにおまんのか。

それらは本山内の、いうたら決まった色や。それ以外に立場いうか、役職によっての色もある。そのほか自分で気に入ったからいうて、好きな色を着ている人も居はるさかい、色の種類だけ言うたら、ほんまに限りなくあるやろうな。

本山や別院なんかの決まった法要なんかは、さっき言うた九種類と役職の色だけやな。それにちょっと気の張った大きな法要なんかやったら、またそれらと違うた色の、揃いの衣を着はることもあるな。阿弥陀さんの周りで決まった作法をしはる、結衆いう人らが着たはるのは、その九種類以外の色の衣や。

うちの法要もそんな難しい決めはせえへんけど、今までは本山の決まりに準じてやってる。なるべく自分の好みは、遠慮してもらうようにしてる。どうしても、いう人には、そんなら黒衣でお願いします、言うてんねん。まあ文句言う人は今まではなかったな。

それに色は衣ばっかしとは違うで。やっさんも見てたやろけど、衣の上に掛けたはる袈裟いうのんがある。

あの四角い派手なやつやな。その袈裟たらいうのんは。

そうや。その派手な四角いのんが袈裟いうんやけど、その袈裟も一応、色いうか模様に決まったのがあるんや。今言うた九種類の衣に合わせてあるわけではないけれど、何種類かは決まってる。本山で大きな法要があるたんびに、その記念に出したはる袈裟があんねん。

決まってへんのは、葬式のときに着けたはる七条袈裟やな。あればっかりは決まりがないわ。形だけが決まってるけど、色に関しても、図柄に関してもそれぞれの好みで選べるさかい、ほんまにまちまちやな。そんでも何人も並ばはったら、七条すがたは、それは見事なもんやで。豪華絢爛いうんやろな。菩薩さんいうか、ほとけさんいうか、自然に手合わせるわ。

ついで言うたらなんやけど、袈裟にもいろんな種類があるんや。今言うたお葬式のときなんかに着ける七条袈裟やろ、それからうちの法事で着けたはったんが五条袈裟いうねん。それから、法要前とか後でお茶飲んではるときに、細長いのん首から掛けたはったやろ、あれは輪袈裟や。やっさんが着けてるのんが輪袈裟のちっちゃいのんみたいやけど、門徒式章いうねん。

それからもっと大事なんは、ぼんさんにとって本当に大切にせんならんのは、衣と違ごうて袈裟なんや。

ちょっとご院さん、面白いこと言わはんな。ぼんさんには衣より袈裟のほうが大切てかいな。

そしたらなんでぼんさんは、衣や、

衣やてやかましい言わはるけど、袈裟や、袈裟やてやかましい言わはるのん聞かんのやろ。ご院さんだけの勝手な思いと違うんかいな。

お釈迦さんの絵とか、やっさんの家のお仏壇の阿弥陀さんのすがた思い出してみぃな。なに着たはるすがたや？

そんなん言われても、ちょっとすぐには思い出されへんわ。そうやな、何となく思い浮かぶんは、身に着けたはるのんは一通りのもんやな。衣や袈裟やいうてごちゃごちゃしたもんは、着たはらへんようやったな。

そうやろ。その通りなんや。

お釈迦さんも、阿弥陀さんも一通りのもんしか身に着けたはらへんのや。それが実は袈裟の原型なんや。

今のお坊さんが着けたはる袈裟をよう見てみ。右の肩が開いてて、左の肩から上半身を覆ってるやろ。お釈迦さんも着たはるもんのすがたは、そうなってへんか。そして長さも大体長ごうて膝ぐらいまでやろ。阿弥陀さんのすがたも大体、お釈迦さんに倣《なろ》うてるんや。

インドは暖かい国やさかい、年中あんな格好でも大丈夫なんや。そやけど仏教が中国に入り、朝鮮に入りしてだんだん北に上がってくると、あのままの格好では、冬は寒うてとても過ごせるもんやない。それで下着としての着物を身に着けるようになったんや。それが衣になっていったんやな。

日本のお坊さんの衣すがたがあんなに大業なんは、天皇さんやお公家さんの着たはるもんに合わせていったからなんや。色とか、形とか。

衣にいろんな色があるいうことのわけの一つは、今言うた衣の成り立ちにあったいうことはわかったやろ。

さて、袈裟や。

やっさんも気付いてたやろうけど、一色だけののっぺりした袈裟て、あんまり見たことないやろ。大抵いろんな模様があって、縦と横に縫い目が見えるようになってるやろ。たまに一色の袈裟もあることはあるけど、それかて縫い目は、はっきり見えるようになってるんや。

その縫い目が五条袈裟とか、七条袈裟とか、九条袈裟とかのしるしやねん。

昔は信者さんから寄進を受けた布を、順番に縫い合わせて作ったのが何条と言われる謂れやったんや。条が大きければ大きいほど、たくさんの人の寄進をいただいたということなんや。

そんでひとつわかった。

やっぱりご院さんは偉いな。偉い人やとはかあちゃんから聞いてはいたけど、これほどとはな。ふーん、そうか。ようわかった。

なに一人で感心してんねん。それにそんなに褒められるとなんか照れて、話の続きがしにくうなったやんか。

ところで何がわかったんや？

お坊さんが法事とか、ちょっとしたお参りのときに着けたはる袈裟と、お葬式のときみたいな改まったときに着けたはる袈裟とでは、格好がぜんぜん違うことや。

そうや、よう気付いたな。その通りや。普段の袈裟が五条袈裟や。お葬式やなんかで着けたはるのんが七条袈裟や。

そうやろ、そうやろ。そら普段かて袈裟すがたはありがたいけど、お葬式のときなんかが特にありがたいのんは、その七条袈裟いうのん着けたはるからなんや。よりたくさんの人のありがたい思いが込められているいうことやったんや。値が高いからとか、格好ええからとかいうだけやなかったんや。

いやー、ご院さん、おおきに。おおきに。なんかスーっとしたわ。

衣と袈裟が違ういうことはわかった。それに袈裟の種類についても教えて貰うた。

さあ、そこで本題や。何でお坊さんにそんなにいろんな色の衣が、いろんなとこであるんかな、いうことや。

厄介やな。さっきも言うたみたいに、本来は衣やのうて、袈裟が大事なんや。そやから今でも袈裟を身に着けるときに、きちんと頂戴をしてからいうか、袈裟に挨拶してから身に着けはるお坊さんがいはる。少ななったけどな。そういうわしもせえへん。時々そうして袈裟に挨拶したはるのに会うと、あっ、わしもせなあかん、とそのときは恥じるんやけど、すぐに何にもせんと当たり前のように着けてるな。

そうやった、衣の色やな。

その前にちょっとええか。

着物着るとき、洋服も一緒やろうけど、一番上に着るもんを、浴衣着るみたいに、肌に直に着ることってあるか。まずないやろ。

夏の単衣であろうと、冬の袷であろうと、必ず肌襦袢を着てから着物を着るやろ。衣もそうや。衣の色はなんであろうと下には必ず白衣を着る。肌に直に衣を着ることはない。

そしたら下に着るもんがなんで白衣なんや、いうことなんや。お坊さんはどんなことがあっても衣の下は白衣なんや。

何でなん？　格好つけんでもええやん。教えたってぇな。ここまでいろんなこと教えてくれたんやし。まあ、ちょっとは察しがつくけどな。

ほう、わかるか、何でお坊さんが白い下着しか身に着けへんのんか。そんなら、こっちこそ教えてぇな。ほれ、この通りや。

何すんねんなん、ご院さんが頭下げるなんて、そんなことせんといてぇな。こっちのほうが格好悪いわ。なあ、早よ頭上げてぇな。

お坊さんが白い着物をいつも着はるのはやな、自分がお化けにならへんための予防やろ。そうやんか。お化けって大抵白い着物の裾引きずって、ドロドロって出てくるんやろ。お坊さんてお化けの反対側にいはるんやろ。そやから負けてられへんから、おんなじような白い着物着てはんにゃ。違うか。

こりゃ面白いこと聞いたな。やっさんてすごい発想するんやな。お化けの反対側か。お化けに負けんために白い着物か。すごいというか、よう思いついたもんやな。

なんやいな、そんなにびっくりして。そんなにびっくりせんでもええやんか。そんなにわしの言うてること、とんちんかんか?

いや、とんちんかん言うのんではないけど、ようこそお化けと結びついたないうて感心しとるのよ。

発想は発想で面白いけど、ちょっとばかり違うんやないかな。

お坊さんが白い着物を必ず身に着けはるいうんは、わしの思いでは、決死の覚悟の現れやないんかな。

丸坊主

やっさんも知ってるやろけど、お坊さんて、今言うて、今すぐになられへんやんか。そらどんな仕事でも同じやわな。大工さんでも、運転士さんでも、売り子さんでもみんな一緒や。今言うてすぐになれるもん違う。

お坊さんになろうとしたら、先にその覚悟を決めんならん。形としてすることは、頭を丸刈りにして、しかも剃らんならんいうことがある。自分のファッションでしている分には抵抗もないやろうけど、普通の人とおんなじ生活してて、ある日突然のように丸刈りになれ、そして剃れって言われたら、ちょっと考えるで。

やっさんが言われたら、どんな気分や?

あほかいな、やな。なんでそんなんせなあかんねんて、暴れまくったるわ。

やっさんとちょっと違うとこは、大抵がお寺の子やいうことやな。そやからそこそこは覚悟しとるいうんか、いつかはせんならんやろ、という思いはもっとんねん。そやけどやっぱりそのときになったら、抵抗あるんよ。

そしたら何か、ご院さんも暴れたくちかいな。わしと一緒やんか。

いや、暴れはせんけどな。まず散髪屋に行かされるんや。それでな、丸刈りにして言うやろ、散髪屋さんがびっくりしよんねん。ほんまですか、が第一声や。次が、ほんまにええんですか、や。

かまへん、やって、言うても、そんなら、て言うてる散髪屋さんの手がなかなか動かへんねん。しまいにこっちが、なんか悪いことしてるみたいな気になってくるんや。そやから、かまへんからやって言うて、やっと散髪屋さんの手が動くねん。

ジーンいうて、バリカンがでこの真ん中から一直線で後ろのほうに動いたと思ったら、青白い地肌が出てきて、髪の毛がばっさりと音立てて、ひざの前掛けに落ちよんねん。鏡に写った自分の顔見てたら、わけもなく途端に涙が、ポタポタて落ちて来よったんや。なんで涙やったんかいまだにわけわからんけどな。とにかくそんときは、一番鮮明に涙出たことを覚えてるんや。

そやけど、なんで丸刈りするときバリカンを頭の端からせんと、真正面のど真ん中からするんやろうな。後で聞いたらみんな、真ん中からばっさりやられたて言うてたわ。あれ、端からやったら、途中で嫌や言うのがおったときに、踏ん切りが悪うなるからやろ。ど真ん中からやられたら、もうそれっきりやもんな。否も応もない。

わしはやったことないさかいわからへんけど、そんなに丸刈りするんて大変なことなんかいな。わからんもんやな。

そうなんや。ちょっとわからんぐらい大変なことなんや。

白衣の意味

その次に本当は、丸刈りするよりもっと大変な意味を持っているんやけど、意外に考えることなくこんなもんやろと気軽に扱うているのんが、白衣やねん。お坊さんになるいうことは、頭下ろして、白衣を着るいうことなんや。なんとなく頭丸刈りにするいうんは、実感としてわかるんやけど、この白衣が意外と理解されてないんやな。

どういうことですのん？　わしかて頭のほうが大変やて思うけどな。最近こそあんまり言われへんようになったけど、いっときは外国人で丸刈りいうたら、犯罪犯した人だけやて言うてたもんな。一般の人とはちょっと違うていうイメージ、ものすごう強かったやん。頭のほうが大変やて、ようわかるわ。ご院さんはなんでまた、白衣のほうが大変やて言わはんの？

まずな、色の白てどんな色かいうことなんや。白は白や言うたらそうやけど、その意味いうんか、隠された意味やな。白にはどんな意味があるんかいうことや。

やっさん、わかるか。

そんな難しいこと、考えたことないわ。わしが持ってる白の意味いうたら、小学校のころ色鉛筆でよう絵を描いてたけど、いつも最後まで使うことのなかったんが、というか最後までさらのまんまで残っとったんが白色の鉛筆や。そやからなんで今でも、色鉛筆の中に白色が入ってるのんかわからんのんや。

なるほどなあ。やっさんて面白いとこ見てるんやな。色鉛筆の白か。そう言われればそうやな。思いもつかんかったわ。わしも色紙とかには使うたことあるけど、画用紙とかでは使うたことないな。ほかの色は使うてちびていても、白色だけは買うたときのまんまやったな。

そうやろ。不思議やろ。なんのために色鉛筆に白色があるのんか。クレヨンとか、絵の具はわかるでぇ。そやけど色鉛筆だけはわからん。ご院さんもわからへんかったやろ。

ほんまやな。言われてみて初めてわかったわ。こらええことに気付かせて貰ろた。おおきに。

さてやな、色鉛筆はさておいて、白の意味や。

そうやんか。ご院さんたるもんがわしごときもんの言葉で、話があっち行ったり、こっち来たりしたらあかんやんか。

いやすまん、すまん。ついやっさんの言うことが、ドキッとするようなことばっかしやし、つい話が飛んでいってしまうんや。

白衣の白やな、話は。

比叡山の千日回峰行の行者さんが着たはんのんは白やろ。白鷺が舞うように比叡の山々を駆け巡って行かはるていうやんか。それにかつての花嫁衣裳は白無垢言うたやろ。とどめは切腹のときやな。忠臣蔵で播州赤穂城主、浅野内匠頭が桜吹雪の中で無念の最期を遂げるときがやっぱり白い着物なんやな。

これらはみんな、言うたら覚悟のしるしやな。

白の着物を身に着けるいうことは、そこで一旦、自分の生き方に区切りをつける、また言うたら、生き方にもう後戻りはしませんよ、いうことを自分自身にも対社会にも宣言するいうことなんや。

そうか、そんなら白い着物着るいうことは、中途半端やないいうことなんやな。どおりで、ときどき街で見かける、白い背広着て肩怒らして歩いてる人は、言うたら大変な人なんや。覚悟決めて、ガニ股で大手振って歩いたはんねやな。やっぱしみんなが避けて通るのもわかったわ。

またやっさんの面白い見方が始まったな。それはちょっと意味が違うかも知れへんな。本人さんたちはそこまで意識してへんやろうけど、周りの人が受ける印象はそれに近いもんがあるかも知れんな。

それより、白い色にはもうひとつ違う意味がある。

やっさんは、東西南北にそれぞれ色があるって知ってるか。

そんなん知ってるわけ、あるはずがないのん、ご院さんほどやったらわかってるやんか。恥かかさんといてぇな。

そうかな、最近、新聞とかテレビでようやってるし、やっさんもそれぐらいは知ってるかなて、聞いてみたんや。知らんか。そんならしゃあないな。

なんぼなんでも、キトラとか高松塚とかは知ってるやろ。

なんやったかいな。そうそう、壁に絵が描いてあるのんが見つかったって騒いでる、奈良の大昔の墓のことやろ。

そうや。その墓の中の周りの壁に、それぞれ東西南北を表す絵が描かれてあったんや。

その絵と白と、どんな関係がおまんねんな。

東が青龍やろ、西が白虎やろ、南が朱雀やろ、そして北が玄武や。全部ひっくるめて四神とも言うけどな。

ご院さん、そり無茶や。そんなんわしに言われても、チンプンカンプンや。一体それが何なん？ シュジャクって、どんな苦なん。ビャッコってまだ食べたことないな。

そんなん違うねん。それぞれお墓の中で四方を守っとる空想上の動物や。その見事な絵が残っとったから大騒ぎになったんやんか。

それでその四方の守り神さんの動物と、白と、どういう関係があるねんな。

そうやったな。これは漢字で書かれてある通りや。東の青龍は青を表してるし、西の白虎は白、南の朱雀は赤、これは「すざく」と言うんやで、それに、北の玄武は黒と、みんなちゃんと色に分けられてるんや。ここで出てきたやろ。

やっとこさやな。ご院さんの話はまだるっこうてかなわん。もっとすきっといかんもんかな。そら、ようもの知ったはんのはわかるけど、何で白色ひとつに奈良の大昔の墓まで出てこんならんのや。
もうちょっとだけ辛抱しいな。今言うたやろ、西が白やって。
それがどないしたん。西が白でよかったやん。
そんなにむくれんでもええやろ。何かわからへんか。
何にもわかりまへんな。西と白とて言われても。
やっさん、お葬式に参ったことあるやろ。
そら、親戚のんもあったし、町内会でもあるわいな。それがどないしたん。
そんとき気付かへんかったかな。

何がやな。ええ、もうじれったいな。何にも知りません。何にも気付きません。何にも見てません。

そうか、何にも気付かへんかったか。

葬式の式場て、白い布なんかで囲まれてへんかったか。

おっ、そうやな、そう言われてみたら、どこでも葬式の式場てやたら白い色が目立つな。言われてみたらそうやわ。花かて白っぽいのが中心みたいやし、この前、ご院さんとこの先代さんのお葬式のときは、本堂の中はそう言われて思い出したけど、ほんまに何から何まで白やったみたいな記憶があるわ。

そうなんや。仏さんの前に掛けてある打敷言うんやけど、そんな布の敷物も白やし、磬をたたくものも、持ち手のとこにわざわざ白い布巻くし、すだれみたいな翠簾言うのんも、房は白い半紙でくるんでしまう。ほんまに葬式会場は白ずくめやねん。

その白ずくめと、さっきの奈良の大昔の墓と何の関係がありますねん。

西が白の白虎やて言うたやろ。白色は西を示すいうことは、お浄土を表しているいうことやんか。人間、いのち終わったら、西方浄土の阿弥陀さんの国に生まれる言うやんか。そやさかい西は大事なんやし、その西方浄土と白虎を併せて、葬式の場はお浄土を示す白にしてるんやんか。

そうか、やっとちょっとだけわかってきたわ。お坊さんにとって白いうのんが大事な色やいうことと、葬式の場が白いうのんは、ちゃんとした意味があったんやいうことやね。

ちゃんとした意味いうのんかどうかは別にして、うまいこと合《お》うてるやろいうことや。

衣もいろいろ

白はわかった。ほんならそのほかの色には、どんな意味があるんかいな。

まず、本山と、われわれみたいな一般寺院いうか末寺とでは、衣の意味に違いがあるいうことを知っとかんならんな。

へぇ、本山とお寺さんとでは、衣に違いがあるんかいな。

衣そのものに違いはないんやけど、色の成り立ちいうんか、ちょっと違うんやな。わしらが着るんは、本山にどんだけ功績を残したか。ま、早よ言うたらドンだけお金を納めたかによって、衣の色が変わってくるいうことや。言い方変えたら、門徒さんの力によって、そのお寺の住職の衣の色が変わるいうことやな。

そんならご院さんとこみたいに、と言うか、わしらみたいに力のない門徒ばっかしのお寺はいつまでたっても、どっかの中途の位置におらんならんいうことかいな。

一概にそうとばっかし言われへんのんや。そのお寺のご院さんの思いで、たとえたくさん懇志を納めてはっても、衣の色をちっとも変えはらへん人もいはるし、少しずつの懇志を長い間貯めてはって、それに見合った衣の色に変えたはる人もいはる。

そやさかいにお寺さんの衣の色いうんは、そのお坊さん個人が偉いとか、偉ろうないとかとは違うういうことや。門徒さんがどんだけお寺に、本山にご苦労してくれはったかいうことの証でもあるわけやな。

お坊さん側から言うたら、こんな色やし嫌やとか、あっちの色になりたいとかいうのんは、ちょっと違うやろな。

お寺さんのんはわかった。ほんならさっき言うてた本山たらのんはどうなってんの？

こっちは末寺と違ごうて難しいいうたら難しいな。

何がどんなに難しいねんな。わしにはちっともわからへん。

わしもそうやねん。やっさんにどう言うたらわかってもらいやすいか、考えてるんやんか。

一言で言うたらな、本山の衣の色の決めは、宮中の天皇さんや公家さんの着たはった着物の色が基準になっとって、それが少しずつ変わってきたいうことやな。

門主さんから始まって、いろんな立場の人が本山には居はるけど、それは門主さん以外は、ほとんどが本山辞めはったら、わしらとおんなじお寺のご住職やさかいにな。それぞれに自分の衣は持ってはんねん、そやけど本山に居はるときの立場いうのんが別にあるんや。その立場の色の衣が決められているいうことや。人が代わっても衣は変わらんいうことやな。

今でこそ、それぞれに役職名で、たとえば大臣とか事務方とか、背広姿でちょっとわかり難いけど、かつては衣の色で違いをはっきりしたはったんと違うかな。一目でその人の本山での立場がわかったんと違うやろか。

黒い衣

ぼんさんも大変やな。わしらご院さんしか身近でぼんさん見ることないし、そんないろんな仕組みがあるなんて、想像もしいへんかった。

まあ、何であんなにいろんな色の衣があるのんかいうことは、何となくわかったわ。こない言うてご院さんが教えてくれたんや。さだやん、わかるか？

まあ、何となくわかったな。いろんな色とか白とかの意味はそうやろうけど、そんなら普段着たはる黒はなんでやねん。

あっ、それ聞くのん忘れとったな。

黒か。困ったな。なんで黒なんやろ。

そんなんわしに聞いてもわかるわけないやないか。

そんな冷たいこと言わんと、町内一の物知りのさだやんやんけ。ちょこっと頭ひねったら、わけのう答えが出てくるやろうな。

またまた、おだてが始まった。いっつもそれに乗せられるんやから。

別におだてているんやないで。事実やんか。いっつも町内のもんが困ったとき、すっと答え出してくれるやんか。

何でお坊さんの普段着たはるのんが黒なんか、今まで考えたことなかったけど、そんだけやっさんに言われたら、思いつかんでもないことはない。

ほれ、みてみぃな。言わんこっちゃない。わからん、わからん言うてて、その実、ちゃんと知ってるんやんか。

いや、知ってるいうわけとは違うんや。
さっきのやっさんが話してくれた、ご院さんの話を思い出したんや。

わし、なに言うた？　何か黒に通づるようなこと言うたか？

思い出してみいな。奈良の古い墓のこと言うたやんか。

東西南北の壁の絵のことかいな。

そうや、それやんか。

そら確かに言うたけど、西が白虎で、白いうのんはわかる。字から見たらわからんではない。青龍は青やろ、朱雀は朱色いうんかまあ、赤やろ。玄武いうんはなんやろな。これはちょっとわからんな。そうか、さだやんが言うんは、この玄武のことかいな。そんでも、またなんで玄武と黒色と関係があるねん？

そこやがな。やっさんにしては、ようそこまで糸口見つけてくれた。そやけど、これはあくまでわしの推測ちゅうか、感みたいなもんで、しっかりした証拠があって言うんとも違うし、どこまで合うてるかは、よう責任持たんけどな。

えらい弱気やな。いつものさだやんと違うやんか。

やっさんとご院さんの話を聞いてて、ふっとそうやないかと閃いたんや。

「玄武」言うやろ。その「玄」いう字な、素人、クロウト言うときのクロいう字やんか。何かで読んだことあるんやけど、お坊さんとお茶の宗匠はクロウトなんやて。それでどっちもクロウトのクロをとって、着るもんも「黒」になった言うんやて。ほかの人ではちょっとやそっとで真似できんいうことやろうな。それでクロウトのクロ、玄武の玄やな。それと色の黒とが一緒やないかということや。

何かもうひとつ、白ほどはっきりせんな。それはちょっとばっかし無理なん違うか。さだやんにしては苦しいな。

そうかな。やっさんにそう言われたらな。ええ思いつきやて思うたけどな。考え直さんならんかな。

そんでも、お坊さんが何で黒を着たはんのかいうのんは、何となくわかるやろ。

それはわかる。お坊さんいうたら、お勤めでもお話でも、プロ中のプロやもんな。そんだけの勉強したはんにゃから。

わしらとは、生まれはったときから違うもんな。出来が。

僧に非ず俗に非ず

違いがない言うたら失礼かも知れんけど、お坊さんもわしらもそんなに大違いはない思うよ。そういうても、わしかてお坊さんいうたら尊敬はしてるで。法事のあとの直礼かて、絶対一番上座に坐ってもらうし、お酌かて一番最初にするもん。

そやけど、やっさんが言うみたいに、生まれはったときから違ういうんは、ちょっと違うん違うかな。赤ん坊のときは、わしかてお坊さんかて同じやぜ。ただ違うのんは、ある歳になってからや。わしは何の気なしに歳くうていくけど、お坊さんは一大決心しはることが違うとこや。

さっき言うてた、白のことやな。

そうや。そこがなんと言うても、わしにはお坊さんに及ばんとこや。そら難しい、僧に非ずとか、俗に非ずとか言うて、何かわしらもお坊さんも、何もかも一緒やみたいなこと言うてはるけど、違うで、そんなこと。

ぼんさんでもないさだやんが、何でそんなにハッキリ言えるねん。わしはやっぱり同じや思うで。人間としてはやで。物知ったはるとか、よう勉強したはるとか、難しいお経をすらすら読まはるとかは、そらわしとは大違いや。そやけどな、走りやったらわしのほうが早いし、金槌使うのんはわしのほうが絶対負けへん。まあそんなんは言うたらきりないし、あんまり意味ないことやろうけど、おかあちゃんとおとうちゃんの間で生まれたし、おかあちゃんのおっぱいにしがみついとったし、オムツは汚したし、食事は三度食べてるし、昼起きてて夜寝て、どっこも違わへんやんか。

やっさんの言うことは、それはそれでええねん。わしはそんなことで言うてんのとは違うねん。

あんな、僧に非ず俗に非ずいうのんは、真ん中で切ったらあかんのんや。僧に非ずで切ってしまうさかいにややこしいなるんや。必ず俗に非ず、をくっつけてみなあかんのんや。

さっきも言うたように、お坊さんは大変な覚悟の上でなったはんねん。白い着物着て、言うたらいのち賭けてはんねん。毎日いうか、いっつも命がけで自分のすがた見つめたはんねん。

えらい大仰やな。うちに来たはるご院さん見てても、どんなに見てもそんなには見えへんで。さだやんの言う、白い着物いう意味はようわかるけど、ほんまにそこまでお坊さんのみんなが意識したはるやろか。命がけでお坊さんになったはるなんて、どっから見ても無理があるで。

そうなんやんか。わしの言うのんはそこなんや。お坊さんが自分で自分のすがた崩したはんねん。その一番の言い訳が今言うてる、僧に非ずで切ってしまったはるいうとこなんや。続いて俗に非ずとも言うたはんのにや。俗に非ずなんやから、はっきりお坊さんなんやんか。覚悟したお坊さんは捨てていはらへんのんや。それやのに何か言うたら僧に非ずやさかい、何でもみんなと一緒や言うて格好つけはんねんやろうな。

お坊さんは、わしらとは違うんやいう意識をはっきり持ってもらわんと、わしらがどうしたらええのかわからんようになってしまうねん。わしらは何もお坊さんと一緒にならんでもええねん。そやからいうて、何でもふんぞり返ってたらええいうのんとは違うんやで。自分で、おれはお前らと違うんや、なんて言うたり、すがたに見せたりいうのんはもってのほかや。そんなことはわかってるわいな。

そんならさだやんは、何が言いたいねん。わしとお坊さんとはどっかが違ういうことかいな。別にそんなん大したことやないやないか。難しい、僧に非ずや、俗に非ずやなんて一々言わんかて。

違うんや、わしが言うのんはな、お坊さんはもっともっと、俗に非ずと言わはったことに思いを注いでほしいいうことなんや。

何かいうたら、僧に非ずばっかし言うて、みんなと一緒や言わはるけど、わしにはそう言うて自分の立場いうもんを誤魔化したはるいうか、逃げたはるとしか見られへんねん。たしかに格好はええけどな。みんなと一緒や言うてたら。

そうかな。わしにはそのほうが、お坊さんと馴染みやすいけどな。さだやんみたいなこと言うてたら、ただでさえ難しそうなお坊さんが、ますます遠いところへ行ってしまいそうやんか。

目線いうんか、腰の低さいうんか、そうしたことは確かにやっさんの言う通りやけど、わしの言いたいんは、お坊さんの側から、なんでもかんでもわしらと一緒や言われると、違うん違いますか、ていうことなんや。別に難しいこと言うてんのやないんや。もうちょっと違うとこがある、いうことを自覚してほしいんや。いろんなことで頼りにしてんにゃもん。お坊さんてそうやろ。いのちの問題はもちろんやけど、家族の問題や、場合によったら恋愛問題かて相談に乗ってもらわんならんやんか。

そんな人がやで、わしらと一緒や言われたら、何か違わへんか。

俗のことは一杯知っててもらわんならんけど、自分を俗に置かれてしもうたら、俗のわしらどうしたらええのんか、わからへんようになってしまうやん。やっさんはそんなふうに思わへんか。

わし、あんまりさだやんみたいに難しいこと考えへんから、ようわからんけど。ご院さんを大事にしてるんやから、それでええのんと違うんかいな。

やっさんは、そんなら何でご院さん大事にすんねん？

そら、ご院さんはご院さんやさかいやんか。わしらと違うやんか。さだやんがいくら頑張っても、今のままではご院さんにはなられへん。なるにはそれだけのことしてこんならん。物知りやいうても、何にもお坊さんになることはしてへんもんな。そこらへんがご院さんとは大違いや。

そうなんや。そこのことなんや。そやからなんでも一緒やない、言うてんねんか。やっさんの言う通りなんや。

なんやいな、そんならわしもさだやんと同じこと言うてんのかいな。そらそうやわな。ご院さんはいっつも、白衣着て、コロモ着たはるもんな。

この前、ご院さんがしみじみ言うてはった。白衣着て、布袍いうんかいな、黒い普段着のコロモみたいなん着て道歩いてたら、全然知らん人やけど深々と挨拶受けたって。本山にその格好で行ったときなんか、修学旅行の中学生の男子生徒が、やっぱし「こんにちは」言うて挨拶してくれた、て。ほんで何か嬉しいなって、あたたこうなった、て。

背広姿では考えられへんことや。やっぱし違うんやな。こんな格好してるだけで人の見る目が違ごうてくるんや。

それからこんなんも言うてはった。朝早うやけど、国道の歩道を歩いてたとき、前から来た見も知らんトラックの運転手が、運転席から片手で、ご院さんを拝んで行ったんやて。思わずご院さんも合掌して返したんやけど、やっぱりコロモいうんか、輪袈裟いうんか、すごい力がまだあるんやな、て。そして、自分のすがたに責任持たんならんな、て。

そういうことやったら、さだやんの言うことがようわかるわ。

天ぷらのコロモやったら油くぐるけど、ご院さんのコロモは袖に手通すだけやのおて、念珠の輪もくぐらんならんもんな。

おわりに

浄土真宗の法話、僧侶の語るお説教は落語のルーツである。

しかし現実には、例えば「ジュゲムジュゲムゴコウノスリキレ……」と言っても、それが仏教用語の「五劫が擦り切れるほどの……」という、果てしなく長い時間であるという理解がどこまで届いているだろうか。

現実生活と仏教の世界とがあまりにも乖離してはいないだろうか。少なくとも落語の「寿限無」の言葉に説明が要らない時代はあった。そうであればこそ落語の演題になり、寄席などで限りない人たちが、その芸とともに話の内容に腹を抱えたのである。

そうした意味で、本書は現役の落語家に口演していただければと、秘かに願っていることを意識している。

「ご院さん」という言葉は、あるいは地方によって馴染みの薄い呼び名であるかも知れない。住職と呼ばれたり、ごいんげさんと呼ばれたり、ごんげさんと呼ばれたり、あるいはもっと訛ってごげはんと呼ばれたり、それぞれの地域や歴史の違いによって、僧侶への呼び名は親しみを含んで違いがある。

ここでは敢えて、近畿を中心として呼び習わされている「ご院さん」という呼び名を使ったが、読者諸氏におかれては、日常呼び馴染んでいる呼び方に置き換えていただければ結構です。

今日、私が惑わされる言葉の一つに「時代」がある。

時代が違う、時代に遅れる、時代の最先端を行く、等々。

そしてこれらの言葉は、いったん使われると、逃げることを許さない不思議な力を持つ。

時代、と言われてしまったとたん、不思議な説得力を持つ。

でも、本当にそうなのか、時代に遅れているのだろうか、時代が違っているのだろうか、いったい時代って何なのか、という疑念が離れない。物事を進めていくうえで、もし「時代」を意識し、「時代に遅れる」とか「時代を意識しろ」という言葉に急き立てられたとしたら、その物事の進め方は永遠に「時代」の後追いを余儀なくされ、時代の後ろ姿を見ることしかできない。

「時代」を意識せずに生み出されたものこそ、その時の「時代」が必要とするものであり、いつまでも残り続けているものである。

親鸞聖人の、蓮如上人のそれぞれの働きが今日まで新鮮に伝わっているのは、「時代」を意識下においての活動でなかったからである。

お二人の活動が「時代」の意識下にあったのではなく、「時代」がお二人の活動について行った結果なのである。

時代の寵児とは、後世の者がそう位置づけているだけであって、その渦中の人は自分自身の必要に迫られて、あるいは切羽詰まって行動に移されただけのことである。

本書においては、そうした意味で「時代」を意識していない。あるいは時代錯誤的な世界を意識して描いている。

特に人間関係においては、絵空事とみられる関係を表している。この姿は過去の望郷ではなく、明白に向かっての望むべき人間関係の姿を示したものである。

今小路覚真（いまこうじ　かくしん）

1943年京都市に生まれる。1968年龍谷大学大学院文学研究科修士課程修了。産経新聞社大阪本社編集局を経て、浄土真宗本願寺派式務部に勤務。2002年本願寺会行事に就任。2012年退職。京都市・常楽臺住職。
主な著書に、『お坊さん　上―お葬式から見える人生万華鏡』（本願寺出版社、2007年）、『お坊さん　下―知っておきたいお葬式の作法と意味―』（同）など。

お坊さんの平成ちょっと問答（上）

二〇一三年三月三〇日　初版第一刷発行

著　者　今小路覚真
発行者　光本　稔
発行所　株式会社　方丈堂出版
京都市伏見区日野不動講町三八―二五
郵便番号　六〇一―一四二二
電話　〇七五―五七二―七五〇八
発売所　株式会社　オクターブ
京都市左京区一乗寺松原町三一―二
郵便番号　六〇六―八一五六
電話　〇七五―七〇八―七一六八

Printed in Japan

装　幀　村上祐喜子　カット絵　上山靖子
印刷・製本　亜細亜印刷株式会社

ISBN978-4-89231-105-5 C1015